우리는 이원석의 첫 책 《거대한 사기극》에 대하여 "모든 자기계발서를 이 책 한 권으로 끝낸다"는 수식어를 붙였는데, 그의 주장은 사실 이제 시작이었을 것이다. 그는 자기계발 이데올로기 대신 '공조(共助) 사회'로 바꿔가야 한다고 주장했는데, 《공부란 무엇인가》는 그 결어를 모티브로 삼은 본격적인 대안서다. 다시 한 번, 이원석을 주목하시길 바란다. 사기극을 폭로하는 데 그치지 않고, 대안을 서슴지 않는 저자의 결기와 성실함에 찬사를 보낸다.

한기호 한국출판마케팅연구소장, 출판전문지 〈기획회의〉 발행인

공부란 말에 미소 짓는 한국인은 드물다. "공부가 제일 쉬웠어요"는 통념상 망언에 속한다. 시험공부와 취업공부가 공부의 전부라고 생각하는 게 우리의 통념이다. 이원석의 《공부란 무엇인가》는 그 통념을 바꿔보자고 제안한다. 공부란 무엇이고 무엇이어야 하는가를 짚으며 저자는 "행복은 공부 순"이라고 말한다. 진정 나를 위한 공부란 세상을 위한 공부이기도 하다는 게 비결이다. 자기계발서 권하는 사회를 '거대한 사기극'으로 지목했던 저자는 이제 공부를 대안으로 제시한다. 공부하는 사회에 희망이 있다고 말한다. 당신도 공감한다면 우리에겐 아직 희망이 있다.

이현우 인문비평학자, 《로쟈의 러시아 문학 강의》 저자

공부란 무엇인가?

공부란 무엇인가?

우리 시대 공부의 일그러진 초상

이원석 지음

책담

차례

일러두기

1 성경 구절은 대한성서공회에서 편찬한 《성경전서 새번역》에서 인용했습니다.
2 각주와 참고문헌에는 번역 출간된 책의 우리말 제목만 병기했습니다.
3 단행본은 《 》, 잡지, 신문 등의 매체와 영화는 〈 〉, 기사와 논문은 " "으로 표기했습니다.

나의 청소년 시절은 안녕하지 못했다. 친한 친구들이 있기는 했으나 학교생활이 즐겁지 않았기 때문이다. 어릴 때부터 남달리 주관이 뚜렷했던 나에게 학교의 교육 체계는 마치 온몸을 속박하는 구속복과 같았다.

학교에 짓눌려 신음하다

당시 거의 모든 학교가 그러했겠지만, 내가 다닌 중학교 또한 폭력이 난무했다. 좋은 선생이 없었던 것은 아니다. 하나 대다수는 지금 생각해도 용납하기 어려운 폭력 교사들이었다. 성적 향상을 위해 그들이 택한 방법은 폭력을 통한 강제였다. 음악 선생은 연좌제를 시행했다. 누가 떠들면, 그 줄에 속한 학생들 모두를 때렸다. 영어 선생은 평균 성적에 미달한 학생들에게 그 모자란 점수만큼 스스로 제 다리를 때리게 했다. 자신이 보기에 매를 휘두르는 강도가 떨어진다 싶으면, 직접 매를 들고 사정없이 휘둘렀다. 수학 선생은 칠판 앞에 나와서 푼 문제 풀이가 틀렸다고 다른 학생이 문제를 다 풀 때까지 계속 다리를 꼬집었다. 연한 허벅지 살이 멍든 것 이상으로 내 마음이 멍들었다. 지금 생각하면, 모두 변태 교사들이다. 물론 그들은 그것이 우리를 위한 것이랬다. 우리의 지식 습득과 성적 향상, 그리고 더 나아가 사회적 성공을 위한 것이랬다. 하나 나에게는 전혀 와 닿지가 않았다. 나는 그런 폭력적인 체제를 견딜 수가 없었다.

자연스레 학교에서 시키는 공부를 제대로 한 적이 없다. 지금도 만나는 나의 소중한 중학교 친구들은 그나마 학교 생활을 버티는 동력이 되어 주었지만, 주된 도피처는 독서였다. 어렸을 때부터 책만 읽기도 했지만, 책에서 눈을 떼어 현실(교실)로 돌아오는 것이 조금도 즐겁지가 않았다. 책은 내가 느끼고 생각한 것에 확신을 주었다. 특히 조지 오웰George Orwell의 《1984 Nineteen Eighty Four》가 그러했다. 중학교 입학식에 오신 어머니의 친구 분이 내게 책을 선물해 주겠다며 서점으로 데려가셨다. 매대에 누워 있던 《1984》가 내 눈에 들어왔다. 조지 오웰이 묘사한 빅브라더의 감시 사회를 나는 학교에서 경험했다. 《1984》를 읽은 것은 나에게 구원이었다. 2학년으로 올라간 해에 우연히 아버지 서재에서 발견한 김지하 시인의 담시집 《오적》이나, 3학년 수학여행 때 친구가 가져온 《이반 데니소비치의 하루》 등이 또한 내가 살아가는 학교의 현실을 이해하는 데 큰 힘이 되었다. 내가 미친 게 아니라 학교(와 나아가 사회 전체)가 미쳤다는 것을 알게 해주었다.

고등학교 때도 상황은 비슷했다. 우선, 나 자신이 조금 변했다. 고교 첫
해에 나는 종교적 결단을 내렸다. 3대에 걸친 가톨릭 집안에 난데없이
개신교인 하나가 생겼다. 처음으로 나는 다른 공부를 체계적으로 지향
하게 되었다. 성적 향상 대신에 영적 성장을 꿈꾸었다. 체제 내적인 성공
대신에 현실 초월적 체험을 추구했다. 그것을 위해 성서를 통독하고 정
독했으며, 기독교 고전들을 차례대로 읽어 갔다. 또한 매일 한 끼씩 금
식하고, 다음날 새벽 다섯 시까지 하는 금요 철야기도회에 갔다. 물론
학교로부터의 도피이기도 했지만, 학교가 주지 못하는 공부의 기회를
찾아 나선 것이기도 했다. 고교생으로서는 아니지만, 인간으로서는 열
심히 공부했다고 생각한다.

대학에 들어가자마자 나는 지긋지긋했던 교육에 대해 근본적으로
고민하기 시작했다. 교직 과목을 이수할 것도 아니면서 교육학개론, 교
육사회학, 교육심리학, 교육철학 등을 수강했다. 교사가 되고 싶었던 것
이 아니다. 그저 교육에 대해 알고 싶었던 것뿐이다. 제도권 교육에 대
한 논의만으로 만족할 수 없었다. 에버레트 라이머 Everett W. Reimer의
《학교는 죽었다 School is Dead》(한마당), 파울로 프레이리 Paulo Freire의 《페
다고지 Pedagogy of the Oppressed》(그린비), 이반 일리치 Ivan Illich의 《학교 없
는 사회 Deschooling Society》(생각의나무), 미셸 푸코 Michel Foucault의 《감시
와 처벌 Surveiller et Punir》(나남출판) 등을 펼쳐 보기 시작했다.

교의학 전공으로 대학원 석사 과정에 들어갔지만, 교육학 공부에 더

많은 시간을 들였다. 심지어 고故 강희천 교수는 내가 당신의 제자인 줄로 혼동하셨다. 그분이 일찍 소천하시지 않았다면, 아마 나는 기독교 교육학 박사 과정을 시작했을 게다. 대학원에서 나는 교육과 영성의 관계에 대해 본격적으로 고민했다. 이후에 번역 소개된 파커 파머Parker J. Palmer의 《가르침과 배움의 영성 *To Know as We Are Known*》(IVP)은 특히 도움이 되었다.

공부의 의미를 되새기다

여하간 나의 청년기는 공부에 대한 근원적 고민의 시기였다. 10여 년 가까이 참된 선생을 찾아 헤맸지만, 원하는 이를 찾지 못했다. 나의 청년기는 칠흑 같은 어둠을 헤맨 시간이었다. 나에게 주어진 선택지는 그저 여러 책을 통해 사숙私淑하는 것이었다. 그렇게 시간을 보내고 나서 보니 공부가 내 운명이라는 생각이 든다. 무한경쟁을 독촉하는 이 냉혹한 사회에서 연약한 내가 살아남을 수 있었던 것은 부족한 대로 조금씩 공부가 쌓이기 시작한 데 있다.

돌이켜 보니 내가 낙망하지 않을 수 있었던 것은 내 곁에 좋은 선생과 친구들이 있었기 때문이다. 그때는 미처 몰랐지만, 그들은 여러 가지 방식으로 나를 깨우치고 품어 주고 이끌어 주었다. 사실 대개는 내가 원하는 방식이 아니었다. 물론 나도 역시 누구인가 도왔으리라 믿는다. 이제는 알고 있다. 홀로 공부하는 게 불가능하다는 것을. 더욱이 지금은 서로 돕지 않으면 생존 자체가 불가능한 상황이 아닌가.

이 자리를 빌려 나와 함께해 준 여러 도반을 일일이 거명해야 옳겠지만, 다음 기회를 기약하기로 한다. 그때에는 차분하게 기억의 실타래를 풀어내려고 한다. 여기서는 언제나 책을 읽는 모습으로 내 앞에 계시던 부모님을 다시 한 번 기억하고, 나의 한계를 깨우치게 해준 두 분을 언급하고 싶다.

지금은 변호사로 일하는 김병석 형을 만나서 독서가로서 다음 단계로 나갈 수 있었고, 덕분에 하늘 위에 하늘이 있다는 것을 알게 되었다. 논문 읽는 즐거움을 알려 준 것도 형이다. 진중권 선생님을 통해 이론과 현실의 간격을 메우는 법을 배웠다. 이론의 추상성 속에 갇혀 있던 내가 현실 속으로 나아가게 된 것은 선생님의 지도 덕분이다. 또한 내 글쓰기의 한계를 깨닫게 해주신 것을 잊지 않겠다. 두 분께 거듭 감사의 마음을 전한다.

머리말_우리 시대 공부의 일그러진 초상

여기에 하나의 중요한 질문이 있다. **공부란 무엇인가?** 이 간단한 질문이 중요하다고? 그렇다. 나는 이 질문이 미시적으로 우리 삶을 돌아볼 수 있는 렌즈를 제공하고, 우리가 삶을 새롭게 구성할 수 있도록 이끌어 준다고 믿는다. 또한 나는 이 물음이 거시적으로 우리 사회를 들여다볼 수 있는 단초를 제공하고, 새로운 사회를 꿈꿀 수 있는 방향으로 우리를 이끌어 준다고 생각한다. '공부란 무엇인가'라는 질문은, 개인의 삶을 변혁하고 사회의 미래를 재구성하기 위한 첫걸음이라고 할 수 있다.

  하나 그보다 먼저 던져야 할 질문이 있다. 도대체 왜 공부인가? 여기서 공부에 대해 논하려는 이유는 무엇인가? 과연 한 권의 책으로 다룰 만큼 충분한 가치가 있는 질문인가? 그렇다. 충분한 가치가 있다. 한국 사회에서 공부는 다른 무엇보다 중요하기 때문이다. 개천에서 용이 날아오를 수 있는 가장 명확한 방법이기 때문이다. 사농공상士農工商, 즉 선비를 정점으로 하고 농민과 공장工匠과 상인을 모두 아래로 하는 사회적 위계가 여전한 한국 사회에서는 공부를 통한 출세가 가장 우아한 선택지라고 할 수 있다.

한국 사회의 핵심 문제라고들 하는 부동산 문제도 실은 교육 문제와 결착되어 있다. 이를테면 강남과 목동의 땅값이 올라간 데에는 자녀 교육에 대한 한국 부모 특유의 열성도 한몫한다. 강남 개발 전략의 핵심에 명문고 이전 계획이 놓여 있었다. 하여 경기고등학교는 삼성동으로 옮겨야 했고, 서울고등학교는 방배동으로 이전해야 했다. 이것이 바로 명문 8학군의 시작이다. 아마 맹자 모친이 한국에서 살았다면, 강남 8학군으로 이사하려 했을 게다.

공부의 목적이 된 사회적 보상

우리 시대의 공부는 평가에 따른 보상을 얻기 위해 하는 것이다. 그 평가는 획일화된 기준을 따라 이루어진다. 그 기준 안에서 일렬로 줄 세우기를 하는 것이다. 한국교육과정평가원이 매해 실행하는 수능(대학수학능력시험)이 가장 대표적이라고 할 수 있다. 이 서열 체계 안에서 모든 수험생이 일련의 번호로 자기 위치를 확인할 수 있다. 문자 그대로 일등부터 꼴등까지. 이런 줄 세우기는 결국 효율성 때문일 것이다. 간단하고 명확하게 논공행상論功行賞을 수행할 수 있기 때문이다(그러나 그 이면을 보면, 철저한 비교에 대한 강박이 있다).

이러한 맥락에 놓인 한, 우리 사회의 공부는 목적 지향적일 수밖에 없다. "공부해서 남 주냐?"라는 말은 괜히 나온 것이 아니다. 물론 그 심층에는 공부를 통해 입신양명을 이룰 수 있으리라는 믿음이 있다. 달리 말하면, 공부만큼 들인 노력에 비해 많이 남는 장사가 없다는 뜻이다. 이를테면, 매일 학습 시간을 10분만 늘려도 배우자 외모가 바뀌며(업그레이드), 한 시간을 늘리면 배우자 직업이 달라진다고 한다. 최소한 담임 선생이 그렇게 주장하지 않던가. 당연히 서울대학교에 입학하기 위해 노력하고, 사법고시에 합격하고자 수년을 고투해야 한다.

공부와 출판 시장

한국 출판 시장에서 꾸준히 판매되어 온 도서 두 종류를 떠올려 보라. 하나는 취득한 학벌과 학력을, 다른 하나는 학습법을 팔아먹는 것이다(대개이 두 가지는 하나로 묶인다). 학벌 취득 성공기 시장에서는 의문의 여지 없이 단연 두 대학이 독주하고 있다. 바로 한국의 서울대학교와 미국의 하버드대학교다. 이를 보여 주는 좋은 예로 서울대 수석 입학자의 《공부가 가장 쉬웠어요》*(김영사)와 하버드 수석 졸업자로 잘못 알려진 분의 《7막 7장: 멈추지 않는 삶을 위하여》(삼성)를 들 수 있겠다.

---

* 원래 이 제목은 당시 〈조선일보〉 인터뷰 기사 제목이었다고 한다. 당사자는 공부가 가장 재밌더라고 말했는데, 기자가 가장 쉬웠다는 표현으로 바꾼 것이 결국 책 제목이 된 것이다. 본인은 이 제목을 극구 반대했다고 한다. 막노동일꾼에서 변호사로 '승천'한 장승수". 〈조선일보〉 2013년 6월 15일 자. (이하 그에 대한 인용문은 같은 기사에서 가져온 것이다.)

공부가 가장 쉬웠다는 희유稀有의 망언으로 인해 두고두고 회자된 장승수 변호사는 우리 시대의 마지막 개(천에서 난)룡으로도 불린다. "포크레인 조수, 식당용 물수건 배달부, LPG 가스통 배달부, 골프장 조경 인부, 신문 배달부, 택시 기사" 등 온갖 일을 하며 돈을 벌어 홀어머니와 동생을 부양하면서도 5수를 거쳐 마침내 서울대 인문사회계열에 수석 입학한, 문자 그대로 입지전적 인물이다. 물론 그가 반짝이는 것은 그만큼 우리 사회가 어둡다는 뜻이다.

장승수와는 출발점이 다른 홍정욱의 《7막 7장》은 한국 청소년들의 미국 조기 유학 러시에 불을 붙인 문제작이다.＊ 훤칠한 키, 준수한 외모, 연예인 부친, 경제적 기반 등 모든 것을 갖춘 그에게는 남다른 거대한 야망이 있었다. 그 야망은 케네디 대통령이라는 롤모델에 투사된다. 실제로 그는 케네디의 궤적을 따라 고등학교(초우트 로즈메리 홀)와 대학교(하버드)를 나왔다. 그런데 여기에 하버드 수석(숨마 쿰 라우데) 졸업이라는 왜곡된 소식＊＊이 언론을 통해 전해져 성공 서사의 화룡점정을 찍게 되었다.

- 이후 홍정욱은 헤럴드의 CEO로 앉기까지 10여 년에 걸친 노정을 간략하게 얹어서 《7막 7장 그리고 그 후: 멈추지 않는 삶을 위하여》(위즈덤하우스)라는 제목으로 개정 증보판을 발간하였다.
- 홍정욱은 하버드대학을 수석으로 졸업하지 않았다. 이는 두 가지로 설명할 필요가 있다. 한 면으로 미국에는 수석 졸업의 개념이 없다. 등수 대신에 등급이 있다. 최상위 10퍼센트에 해당하는 1등급의 명칭은 숨마 쿰 라우데(summa cum laude)이고, 그 아래 10퍼센트에 해당하는 2등급의 명칭은 마그나 쿰 라우데(magna cum laude) 이다. 곧 우리가 아는 수석 졸업은 없다. 다른 한 면으로, 홍정욱의 등급은 숨마 쿰 라우데가 아니라 마그나 쿰 라우데이다. 그는 최우등 등급이 아니라 우등 등급으로 졸업한 것이다. 전자와 관련해서는 한국과 미국의 문화적 간격으로 인한 문제가 있

숨마 쿰 라우데 등급을 둘러싼 논란은 한국적 정서에 따라 해석한 데에 따른 해프닝이기도 하다. 일렬로 줄 세우기의 정점에 놓인 '수석'에 대한 우리의 선망을 미국에 투사한 셈이기 때문이다. 홍정욱은 취득하지 못하였으나 그 후로 숨마 쿰 라우데 등급으로 졸업한 이들이 여럿 있었다고 한다. 특히 진권용은 4.0점 만점으로 졸업했기에 진정한 (공동) 수석(2/1552)이라고 언론이 주목한 바 있다. 하나 한국인 최초의 최우등 졸업이 아니라고 그 자신이 정정하였다. 역시 미국에는 우리 식의 수석 개념이 없기 때문에 발생하는 착오다.

하버드를 미국 대학계의 전면에 내세우는 것은 그야말로 우리 식 관점으로 굴절시킨 것에 불과하다. 미국의 대학 생태계는 우리의 경우와 달리 명문 대학도 상당히 다양하다. 일단 명문 주립대학(이를테면 UC 버클리)과 명문 사립대학이 공존한다. 사립대학 안에도 동부 명문(아이비리그)과 서부 명문(이를테면 시카고)이 있다. 교양학부 대학(Liberal Arts College, 이를테면 세인트존스)도 입지를 구축하고 있다. 물론 아이비리그 안에서도 유독 하버드만을 선호하지도 않는다. 하지만 우리는 미국 대

다고 치더라도, 후자와 관련해서는 이는 명백한 거짓이다.
　하지만 《7막7장》의 표지에는 "하버드 최우수 졸업 홍정욱"이라고 떡하니 박혀 있었다. 문제는 여기서 끝나지 않는다. 그는 자신의 졸업 논문이 숨마 쿰 라우데 등급과 더불어 최우수 졸업 논문상(토머스 홉스상)을 수상했다고 주장했다. 하나 그는 그 상을 받은 바가 없다. 결국 그의 명성의 기반에는 거짓이 깔려 있는 것이다. 학벌 브랜드와 관련된 허위 상품 판매인 셈이다. 그런데도 그는 이런 사항을 선거공보물에 기재했다. 결국 공직선거법 위반 혐의로 기소되었고, 논문상 위조에 대한 벌금형을 구형받았다. 그러나 이 사실은 그다지 잘 알려지지 않은 듯하다.

학에 인위적으로 순위를 매긴다.

이러한 하버드 사랑에 관한 한, 성적 차별이 없다. 우선 민족사관고
등학교를 2년 만에 졸업하고 미국 명문대 10여 곳에 합격 통지를 받은
뒤 하버드에 입학한 박원희의《공부 9단 오기 10단》(김영사)을 들 수 있
다. 한국에서 고등학교까지 마치고 간 것, 조기 유학이 아니라 순수 토
종으로서 하버드에 조기 입학한 것으로 상당히 주목받았다. 이후 그녀
는 홍정욱과 같은 등급인 마그나 쿰 라우데의 성적으로 하버드를 졸업
하고《스무살 청춘! A+보다 꿈에 미쳐라》(김영사)를 펴냈다.

경북대 의예과 재학 중에 미스코리아 진에 당선되고 나서, 다시 대입
을 준비하여 하버드에 재입학한 금나나의《나나 너나 할 수 있다: 하버
드로 간 미스코리아 금나나》(김영사)도 흥미롭다. 박원희의《공부 9단 오
기 10단》과 같은 해에 나왔다는 사실이 시사적이다. 진격의 여학생들
이라고나 할까. 그러고 보면, 그녀도 역시 후속작을 펴냈다는 점이 새삼
눈에 들어온다. 하버드를 쿰 라우데Cum Laude로 졸업하고 컬럼비아 대
학원에 합격한 여정을《나나의 네버엔딩 스토리》(김영사)라는 제목으로
출간하였다.*

학부가 아닌 대학원 진학의 경우이지만, 가발 공장 직공으로 출발하
여 59세에 하버드 박사가 된 서진규의《나는 희망의 증거가 되고 싶다》

---

* 쿰 라우데는 숨마 쿰 라우데와 마그나 쿰 라우데의 아래 등급이다. 세 등급을 모두 합
하면 상위 40퍼센트 정도에 해당하니, 평균보다 위에 있는 것은 사실이다.

공부란 무엇인가

(랜덤하우스코리아)도 상당한 주목을 받았다. 부제에 하버드가 들어 있다 ("가발공장에서 하버드까지"). 외국 서적으로는, 거리에서 노숙하며 하버드에 진학한 리즈 머리Liz Murray의 《길 위에서 하버드까지Breaking Night》(다산책방)를 들 수 있겠다. 이 역본의 제목은 원서의 부제를 따온 것이다.* 그녀의 학벌 브랜드를 강조하기 위한 선택으로 보이는 것은 어디까지나 나의 착각일 게다.

이러한 학벌 브랜드 장사에는 종교계도 적극적으로 가세한다. 원래 종교는 민중의 욕망에 적극적으로 연동되기 마련이니까. 우선 불교의 경우를 살펴보자. 도쿄대에서 석사 학위를 취득하고, 이어서 하버드에서 박사 과정을 이수했다는 소운 스님의 《하버드에서 만난 부처》(도솔)를 대표적인 예로 들 수 있겠다. 보다 잘 알려진 책으로, 예일대학교 학부를 마친 벽안 승려의 대학원 학력(하버드신학대학원 신학 석사)을 굳이 제목에 실어 놓은 《만행 하버드에서 화계사까지》(열림원)가 있다. 이 책으로 현각은 일약 스타가 되었다.

기독교 쪽도 불교권 못지않다. 아픈 몸에도 불구하고 100점 만점에 가까운 성적(99.26, 역대 최우수 학점 졸업)을 기록한 서울대 수석 졸업자가 쓴 《김동환의 다니엘 학습법》(고즈윈)이 특히 유명하다. 그의 어머니(박삼순)가 출간한 《다니엘 자녀교육법》(고즈윈)도 있다. 이와 비슷하게

---

* 원서의 부제는 다음과 같다. A Memoir of Forgiveness, Survival, and My Journey from Homeless to Harvard.

대한민국에 성경 통독 유행을 선도한 《어? 성경이 읽어지네!》의 저자(이 애실)와 그의 남편(이순근 목사)도 두 자녀를 피바디 음대와 하버드대학교에 보낸 위업을 바탕으로 《어? 하버드에 들어가네!》(살림)를 출간한 바있다(제목에 들어가는 것은 역시 하버드다).

논지를 벗어난 지적이지만, 하버드 브랜드는 종종 과도하게 이용된다. 이를테면 1998년 하버드신학대학원에서 열린 컨퍼런스에서 발표된 논문들을 묶은 《하버드에서 만난 복음주의 Where? Shall My Wondering Soul Begin?》(미소북스)나, 하버드대학교의 전 교목 chaplain인 켈리 먼로 컬버그 Kelly Monroe Kullberg가 편집한 《지성의 회심 : 하버드 천재들, 하나님을 만나다 Finding God at Harvard》(새물결플러스)가 그러하다. 이제 우리가 부처를 만나려면 하버드에 가야 한다. 물론 예수가 복음을 전하려 해도 하버드에 오셔야 한다(하비 콕스, 《예수 하버드에 오다》, 문예출판사).

암기와 계산으로서의 정신노동

이런 모든 화려한 업적들(?)은 그것을 달성하기 위한 지난한 과정을 요구한다. 간단히 말하면, 엉덩이가 무거워야 성공한다. 이를테면 홍정욱은 초우트 로즈메리 홀 고등학교 재학 중에 하버드대학교에 입학하겠다는 일념 하나로 공부에 열중했다. 앞서 말한 여러 좋은 여건만으로 그가 하버드에 들어가고, 마그나 쿰 라우데 등급으로 졸업한 것은 아니다. 분명 그는 치열했고, 과도하게 성실했다. 그로 인해 한창 자라야 할 청소년기에 수면 시간을 포기했다. 그가 어떻게 공부했는지를 보여 주는 한 사례로 아래의 인용문을 들 수 있겠다.

기숙사는 밤 10시 30분이면 완전히 소등을 했다. 나는 기숙사 사감의 순시가 시작되는 11시까지 가만히 침대에 누워 있다가 순시가 끝나면 일어나 유일하게 불이 켜져 있는 장소인 화장실로 들어갔다. 그리고는 변기에 쪼그리고 앉아서 밤 1시까지 공부를 계속했다. 때로는 꼬박 밤을 새우면서 새벽 3~4시가 될 때까지 화장실을 지키곤 했는데, 그러다가 4시에 청소부가 들어오면 할 수 없이 옆의 샤워실로 자리를 옮길 수밖에 없었다.●

홍정욱은 자신의 수면욕에 대해 언급한 것이 아니다. 그가 보여 주는 것은, 공부하기 위해 정상적인 몸의 요구를 포기하고 과부하가 걸리기 직전까지 공부하는 모습뿐이다. 공부라고 하면, 우리는 보통 정신적 노동을 생각한다. 몸이 아니라 머리를 사용하는 것이라고 본다. 그런데 다시, 머리를 사용한다는 것은 무엇을 뜻하는가? 우리 한국의 정황에서 생각해 본다면, 그것은 바로 암기하는 것이다. 쉽게 말해서 공부한다는 것은 영어 단어와 원소주기율표를 머리에 집어넣는 것이다. 영어 사전을 한 장씩 찢어 꾸역꾸역 먹어 가면서 단어를 외우기도 한다(내가 좀 해 봤는데, 죽을 맛이더라). 혹은 국사 연대표와 수학 공식을 대뇌피질에

● 《7막 7장 그리고 그 후》, 59쪽.

새겨 넣는 것이다.* 이과나 문과나 다를 바 없이 암기가 공부의 본질인 셈이다.

혹은 계산하는 것이다. 영어 문법을 가지고 문장의 빈칸을 채우는 것이며, 수학 공식을 가지고 일정한 수를 산출해 내는 것이다. 계산이 암기보다는 수준 높은 측면이 없지 않으나, 결국 공식 암기를 전제한다는 면에서는 전자의 연장선상에 놓여 있다. 계산(적용, 대입 등)이 어려운 학생들은 아예 암기에 올인하기도 한다. 실제로 암기로 어느 정도 충당할 수 있는 부분이 있다. 문제집을 다 외우거나, 최소한 역대 기출 문제들을 거의 외울 지경에 이르기까지 보는 방법으로 문제를 해결하는 것이다.

그러므로 공부를 잘한다는 것은 결국 암기를 잘하는 것과 다르지 않다. 중고등학교 때 공부 잘하던 학생들이 많이들 가는 법대와 의대를 생각해 보라. 법대는 문과 계열의 최고봉이요, 의대는 이과 계열의 최고봉이다(요즘은 상황이 조금 달라져서 학부를 다른 전공으로 마치고 로스쿨과 메디컬스쿨로 진학하는 경우가 많다). 전자의 귀결은 사법고시 합격이고, 후자의 결론은 의사 자격 획득이다. 한데 양자 모두 엄청난 암기를 요구한다. 사법고시 준비나 의과 대학 수업 과정을 생각해 보면 이해가 될 것이다.

● 대뇌피질(cortical brain)은 사고·언어·기억을 담당하는 뇌 부위로서, 치매(특히 알츠하이머) 발병 시에는 바로 이곳이 위축된다.

공부란 무엇인가

현대 한국 사회의 공부 개념은 이렇게 지식 축적으로서의 의미를 강하게 내포하고 있다. 결국 암기와 계산을 중심으로 설명할 수 있는 엄청난 정신노동인 것이다. 따라서 이러한 맥락에서 육체의 활용은 최소화되어야 한다. 엉덩이가 무거운 사람이 공부를 잘 한다는 가르침은 그냥 나온 것이 아니다. 오디세우스는 세이렌 자매의 음악 소리를 향유하기 위해 육체를 결박해야 한다. 반면 노를 젓는 이들은 밀랍으로 귀를 막았다. 아도르노Theodor Adorno와 호르크하이머Max Horkheimer는《계몽의 변증법Dialektik der Aufklaerung》(문학과지성사)에서 이를 육체노동과 정신노동의 이원화라는 독법으로 읽었다.

엉덩이가 무거워야 성공한다

육체노동을 아래에 놓고 정신노동을 위에 놓는 이러한 관점이 우리의 삶을 지배하고 있다. 사법고시 합격자들의 수기 모음집인《다시 태어난다 해도 이 길을》(고시연구사)이나, 고시 3관왕의《포기하지 않으면 불가능은 없다》(개미들출판사) 등은 바로 이 점을 잘 보여 준다. 위에서 언급한 장승수를 다시 생각해 보자. 우리 시대 마지막 '개룡'으로 불리는 그의 입지전적 스토리는 공부를 통한 출세의 가능성을 명확하게 보여 준다. 강산이 절반 바뀔 동안 공부와 막노동을 번갈아 가며 하던 그의 노력은 많은 이들에게 동기부여의 역할을 했다.

이 맥락에서 우리가 주목할 만한 인물이 바로 고승덕이다. 고시 3관왕이라는 빛나는 명예를 지닌 바로 그분이시다. 그것도 그냥 3관왕이 아니다. 제20회 사법시험 최연소 합격, 제13회 외무고등고시 차석 합격, 제23회 행정고등고시 수석 합격이라는 우월한 기록을 보유하고 있다. 그의 저서 《포기하지 않으면 불가능은 없다》를 보면, 그는 사법고시 2차를 1년 동안 준비하면서 수면 시간(7시간)을 제외한 나머지 시간(17시간)을 온전히 수험 준비에 쏟았다. 고시생의 1일 평균 공부 시간이 10시간 정도라는 점을 고려하면 실로 경이로운 수준이다.

고승덕은 1년간을 사실상 시험 전날의 심정으로 공부했다. 그런 집중력도 대단하지만, 그가 들인 노력도 엄청나다. 경쟁자 중 누군가는 수면 시간 외의 모든 시간을 들여 공부할지도 모른다는 생각에 이른 그는, 밥을 먹는 시간조차 아까워했다. 반찬을 떠서 입에 넣고 씹는 시간까지 아까워할 정도였다. 하여 남들과 똑같이 먹어서는 안 된다는 판단을 내리고, 모든 반찬을 밥알 크기로 갈아 밥과 비벼 먹으며 씹는 시간을 아꼈다. 숟가락을 내려놓는 그 순간부터 곧바로 공부를 다시 시작해야 했기 때문이다.

'나의 경쟁자가 설마 이렇게까지 하겠는가' 하는 생각이 들 정도라면 나름 노력했다고 할 수 있는 것이라고 말하니, 사실 경이로운 수준이다. 아마 대다수 독자들은 여기서 강력한 동기부여가 될지도 모른다. 하지만 그것은 내가 의도하는 바가 아니다. 물론 그렇다고 사법고시 준비에 뛰어들지 말라는 것은 아니다. 그것은 어디까지나 개인이 선택할 일이다. 그러나 이런 사례가 공부의 가장 훌륭한 본보기로 꼽히는 것에 대해서는 우려할 수밖에 없다. 어차피 우리 대다수는 그렇게 엉덩이가 무겁지 않다. 결국 그런 공부법은 자학하는 것에 다름 아니다.

스터디와 스터디 공간

요즈음 들어 공부를 둘러싼 상황이 달라지고 있는 모양이다. 가장 흥미로운 표지는, 공부 대신 스터디가 인기라는 점이다. 이는 분명 독특하고 흥미로운 현상이다. 사실 기본적인 의미 값이 다르지 않음에도 굳이 특정한 외래어를 널리 사용하고 있기 때문이다. 이것을 굳이 지적할 필요가 있는지, 즉 외래어를 사용하는 것이 뭐가 문제인지 반문할 수 있다. 하지만 한자어를 영어권에서 건너온 외래어로 전환한다는 것이 지시하는 함의는 생각만큼 단순하지 않다.

어쩌다 한번 그렇게 사용하는 것이 아니라 지속적이고 광범위하게 그런 어휘를 선택한다는 것은, 곧 그 언어가 내포하고 있는 문화적 맥락을 우리 사회 안으로 끌어들이는 것이기 때문이다. 영어가 우리 문화를 잠식하고 있다. 이를테면, 우리는 이제 동사무소라고 하지 않고 주민센터라고 한다. 아무리 '센터'가 외래어라지만, 나라가 세운 조직에다 이 단어를 사용하는 것은 기이하다. 농협은 NH농협으로 개명하고, 동아제약은 동아쏘시오홀딩스라고 바꿔 부른다. 이상하지 않은가? 농협이 앞에 NH를 붙인다고 뭐가 달라질까?

우리는 공부를 하기 위해 토즈나 윙스터디와 같은 스터디 공간을 애용한다. 그런 곳에 가서 스터디한다고 말할 때, 실제로 하는 것은 무엇인가? 실제로 가 보면, 벽면에 안내지가 붙어 있어 쉽게 그 내용을 확인할 수 있다. 물론 우리가 익히 짐작할 만한 것들이다. 토익 공부나 면접 대비, 혹은 시험 준비 등이 적혀 있다. 혹은 독서 토론이나 자기계발 강의도 하고 있다. 종종 최면이나 픽업 아트 같은 취미 강의를 하는 경우도 있다. 그러나 역시 모두 일정한 지식을 새기는 데 주안점을 두고 있다. 크게 보면 다를 바가 없다.

하나 요즘 이것들은 미세히 보면 갈리는 지점들이 있다. 이를테면, 시험을 통한 취직과 승진 등을 위한 공부를 스터디라는 이름으로 진행할 때는 하나의 자발적 팀을 결성하여 공동학습을 한다. 이른바 자기주도형 학습이라고 할 수 있겠다. 학교와 학원이라는 공간 안에서 강사가 하는 일방적인 강의와 달리, 스터디는 새로운 유형의 주체상을 드러낸다. 능동적인 자기계발적 교육 주체의 부상을 전제한 것이다. 이는 사실상 신자유주의적 맥락에서 이해해야 한다.

최면이나 픽업 아트 등 새로운 실용적 지식을 공부하는 것 또한 다를 바가 없다. 이는 김대중 정권하에서의 신지식인상을 이어받은 것으로, 전통적인 학습 영역에서 일상적인 경험 영역으로 지식의 영향을 확장해 가는 것을 보여 준다. 1999년 2월 이래 선발된 신지식인은, 지식을 통해 새로운 부가가치를 능동적으로 창출해 내거나(이익 창출) 업무방식을 개선하는(비용 절감) 이들을 가리킨다. 이전에 중시되어 온 학력과 학벌 등은 그다지 중요하지 않다. 여기서 제대로 주목해야 할 부분은 부가가치 창출이다.

이는 각 분야 전문가들이나 이른바 성공자들이 무대에 등장하여 제한된 시간 내에 효율적으로 프리젠테이션함으로써 대중에게 열정과 비전을 불어넣는 최근의 트렌드와도 일치한다. 새로운 지식 플랫폼으로 각광받는 테드(TED Technology, Entertainment and Design의 약어) 혹은 그 유사품인 테드엑스TEDx를 생각해 보라. 테드의 한국판이라 할 수 있는 세바시(세상을 바꾸는 시간, 15분)나 강연 100℃ 등도 마찬가지일 게다. 이것들은 우리 시대에 등장한 새로운 유형의 학습 도구 혹은 학습 방식이다.

콘서트 혹은 경연 형식으로 펼쳐지는 미니 강연들은 장인들의 암묵지暗默知를 언어화하고 매뉴얼화해서 그것을 재생산하는 것을 목적으로 한다. 전문 강사가 아닌 이들이 "퍼뜨릴 만한 아이디어"(TED의 표어)를 공유하려면, 결코 길지 않은 제한 시간 안에 자신의 개성과 자신의 이야기를 상품화하여 판매해야 한다. 청중의 몫은 이러한 미니 강연을 통해 감동과 정보를 얻고, 연사와 그 아이디어에 열광하는 것이다. 새로운 삶을 위한 동기부여를 받고 대신 연사를 향해 찬사를 보내는 것이다.

이렇게 우리 시대는 지식의 외연이 확대되고 지식의 내포가 변화되는 과정에 있다. 그럼에도 공부의 근대적 함의는 여전하다. 성실하게 읽고 들으며 지식을 습득해야 한다. 또한 그렇게 축적한 지식을 통해 실리(성공)를 추구한다. 따라서 신자유주의 시대에 진입한 지금에 이르러서도 공부에 대한 서두의 문제 제기는 유효하다. 그러므로 우리는 오래된 지혜로부터 자문諸問을 구하고자 한다. 이제 과거로 거슬러 올라가 과연 동서의 선현先賢들은 공부를 무엇이라 여기고, 또한 어떻게 공부했는지 살펴보자.

1부

공부란 무엇인가

1. 동아시아의 '공부'

동아시아 공동체의 일원답게 한자부터 살펴보자. 공부는 工夫다(실은 이것조차 to study를 번역한 것이다*). 工夫를 원래 어떻게 읽어야 하는지는 다들 아실 게다. 바로 쿵후다. 우리가 중국 무술武術을 지칭할 때 사용하는 그것이다. 단순한 음운론적 유사성에 불과한 것이 아니다. 실제 어원상으로 그 단어와 연결되기 때문이다. 따라서 의미론적으로도 깊은 상관성이 있다. 몸의 수련법으로서의 쿵후와 지적 노동으로서의 공부가 하나 되는 셈이라고 할 수 있다.

쿵후와 공부

그러므로 이제 우리가 모두 잘 알고 있(다고 착각하)는 중국 무술로서의

● 김용옥, 《삼국통일과 한국통일》(통나무, 1994)

쿵후를 생각해 보자. 영화를 보면, 쿵후를 어떻게 수련하는지를 알 수 있다. 전형적인 예로 이연걸의 〈소림사小林寺〉(1982)를 들 수 있다. 영화는 우리에게 계절이 바뀌고 해가 더해 가도 주인공이 무술 수련을 계속하는 모습을 보여 준다. 무술 수련에는 기술 습득 이전에 신체 형성이 필요하다. 달인達人이 되기 위해서는 끝없는 수련을 통해 몸을 만들어 가야 하는 것이다. 이것이 바로 쿵후다.

무협지 식으로 말하면, 이런 것이다. 우리의 주인공은 가족의 복수나 혹은 다른 이유로 무술을 배우고자 한다. 그리하여 강호를 떠나 초야에 묻혀 사는 늙은 고수를 찾아간다. 그러나 노고수는 그를 제자로 받아들이고도 무술은 가르치지 않고, 오히려 물을 길어 오게 하고 나무를 때게 한다. 언제 가르쳐 줄지도 모르는 채로 수년 세월을 허비하는 것이다. 그러나 드디어 스승이 그를 불러 무술을 가르칠 때, 우리의 주인공은 비로소 깨닫게 된다. 그동안의 노동이 준비 단계였다는 것을.

물을 나르면서 골격과 자세를 바로 세우고, 나무를 쪼개고 때면서 근육과 집중력을 기르게 된 것이다. 무엇보다 그 지루한 과정에서 그는 자연에 순응하는 인간이 되어 간다. 가장 어려운 교훈인 순종을 배우게 되는 것이다. 실은 그 과정이 바로 무술 수련의 일환이다. 몸을 만들고 마음을 바로 세우는 것이야말로 그릇을 만드는 길이다. 대기만성大器晚成이랬다. 심오한 가르침일수록 더욱 오랜 시간을 들여 몸과 마음을 바르게 만들어 가야 하는 것이다. 단기간에 고수가 되는 것은 천박한 대중문화에서나 볼 수 있는 허상이다.

공부란 무엇인가

이연걸의 〈소림사〉(1982)

이를테면, 존 G. 아빌드센 감독이 1984년에 제작한 영화 〈베스트 키드The Karate Kid〉를 보자. 주인공 다니엘(랠프 마치오 분)이 아파트 관리인인 일본인 스승 미야기(팻 모리타 분)에게 지도를 받아 가라테 고수가 되는 과정이 담겨 있다. 주인공이 고수가 되는 수련의 원리는 영화에서 그럭저럭 구현된다. 이를테면 미야기는 다니엘에게 차에 왁스칠을 하고 벽에 페인트칠을 하도록 시키는데, 알고 보니 그게 모두 가라테 연마 과정이었다.●

하나 다니엘이 가라테를 익혀 고수가 되는 데 이르는 훈련 기간을 과도하게 짧게 단축해 묘사한다는 것이 문제다. 동양에 널리 퍼진 고수와 제자의 이야기에 담긴 교육학적 가치를 주목하는 조지 레너드George Leonard는 〈베스트 키드〉에 대해 다음과 같이 말한다. "이를테면 〈가라테 소년〉 같은 영화는 몇 년에 걸쳐 일어난 그 신화 같은 이야기를 몇 달로 압축해 놓은 것이다." 잡일을 통해 가라테 수련을 한 다니엘은 급기야 청소년 가라테 대회 결승전에서 자신을 괴롭히던 라이벌 자니(윌리엄 자브카 분)에 맞서 눈을 감고 싸우기에 이른다!

● 윌 스미스가 자신의 아들(제이든 스미스)을 주연으로 내세워 2010년에 제작한 〈베스트 키드〉(The Karate Kid)는 이 영화를 리메이크한 것이다. 원제는 그대로 〈가라테 소년〉이지만, 이 영화에서는 쿵후를 소재로 한다. 그래서 서구에 잘 알려진 홍콩의 액션 배우인 성룡이 쿵후 스승(미스터 한)으로 등장한다. 역시 아파트 관리인인 미스터 한이 쿵후 고수로 드러난 후 드레(제이든 스미스 분)의 스승이 된다. 그런데 그가 지도하는 내용은 옷을 입었다가 벗었다가 옷걸이에 옷을 걸었다가 하는 동작을 반복하는 것이다. 그럼에도 전작에서처럼 자질구레한 일을 하는 것이 아니라 정말로 수련하는 모습을 보여 준다는 점에서 훨씬 덜 낭만적(?)이라고 할 수 있다.

〈베스트 키드〉(1984)

어쨌든 이런 무술 수련 과정은 우리가 아는 지식 축적으로서의 공부
와는 뭔가 다르지 않은가? 이것은 두뇌를 사용하는 지식 축적이라기보
다는 차라리 육체를 연마하는 기율紀律 형성이라고 해야 옳다. 특정한
지식을 대뇌피질에 새기는 것이라기보다는 일정한 기율을 몸에 새기는
것이다. 물론 쿵후가 곧 무술은 아니다. 앞질러 말하자면, 무술은 쿵후
의 한 가지일 따름이다. 쿵후로서의 공부는 책상에 앉아 무거운 엉덩이
를 과시하는 것이 아니다. 유교적 관점의 공부 또한 지식을 육체에 새겨
넣는 것이고, 우선은 육체를 만들어야 하는 것이다.

유학에서 강조하는 것은 몸에 밴 예의다. 예의는 몸에 새겨진 기율이다. 공자는 《논어論語》의 잘 알려진 1장 "학이學而" 편에서 다음과 같이 말한다. "나이 어린 사람들은 집에 들어와서는 효도하고 밖에 나가서는 공손해야 한다. 신중히 행동하고 믿음직스러워야 한다. 두루 여러 사람을 아끼고 어진 사람을 가까이 해야 한다. 이렇게 하고 남는 힘이 있으면 글을 배워야 한다."[*] 학문을 배우는 것이 가장 나중에 자리한다. 먼저는 가정과 사회에서 예의를 다하고, 위아래 관계에서 최선을 다해야 한다. 예의가 배움에 선행하는 것이다.

유학의 배움에 있어서 무엇보다 우선해야 하는 것은 무엇인가? 내용물을 담기 전에 먼저 그릇을 깨끗하게 하는 것이다. 다시 말하면, 지식이 담길 육체를 깨끗하게 정련精練해야 한다. 이는 무술을 배우기 위해 먼저 몸을 만들어야 하는 것과 다를 바 없다. 몸의 체력을 키우고 몸의 균형을 잡아야 무술을 제대로 배울 수 있지 않겠는가. 마찬가지로 우선은 몸에 예의를 새겨야 유학을 배울 수 있는 것이다. 그저 무술의 초식이나 유학의 교훈을 배운다고 바로 행할 수 있는 것이 아니다.

공자가 《논어》 초두에서 말한 다음 내용 또한 이러한 맥락으로 이해해야 한다. "배우고 때맞춰 익히면 또한 즐겁지 않겠는가學而時習之 不亦悅乎." 역시 잘 알려진 내용이다. 그러나 정작 그 의미를 깊이 새기는 이가

• 공자의 문도들 엮음, 《논어》(책세상, 2003), 15쪽.

드물다. 배운學 것을 몸에 새기는 것, 그것이 바로 익히는習 것이다. '습'은 반복하는 것이고 익숙해지는 것이다. '학'이 머리를 겨냥한다면, '습'은 몸을 겨냥하는 것이라고 해도 무방할 게다. 배우고, 또한 익힌다. 머리로 배우고, 몸으로 익힌다. 이것이 바로 학습學習이다. 몸이 만들어져야 하는 것이다.

"때맞춰"라는 부분도 되새겨 봄직하다. 때에 맞게 배워야 한다는 것은, 우리로 하여금 공부의 목적을 되돌아보게 한다. 공자가 보기에 옛 성현의 가르침을 받아들일學 뿐만 아니라 이를 반복하여 되새기는習 이유는, 우리의 몸이 자리하는 세상에서 그 배운 바를 유용하게 만들기 위함이다. 결국 오래된 가르침을 우리의 몸으로 구현한다는 것은, 몸을 둘러싼 시공간과 새롭게 관계를 맺는다는 뜻이다. 다시 말하면, 우리가 배운 바를 반복하여 되새기되, 이를 때에 맞춰 하는 것은 우리가 몸을 가지고 살아가는 것에 기인한다.

우리는 생각으로 사는 게 아니라 몸으로 산다고 해도 지나친 말이 아닙니다. [⋯] 생각하는 정신 활동 이전에 먼저 몸이 있어야 합니다. 이때 몸의 본질은 '생각'이라기보다는 '⋯을 할 수 있는 능력'이라고 말해야 마땅하겠지요.*

● 김종갑, 《S라인을 꿈꾸는 청춘에게 내 몸을 찾습니다》(양철북, 2011), 16−17쪽.

우리는 몸을 머리보다 아래에 두고 있다. 그렇기에 육체노동을 멸시하는 것이 아니겠는가. 우리는 몸을 거추장스러운 부속물로 여기고 있다. 당연히 몸을 제대로 돌보지 않고, 그저 하나의 도구로 대할 뿐이다. 따라서 필요에 따라서 돌보거나 혹은 팽개친다. 나의 본질은 어디까지나 나의 머리(의 의식)에 있으며, 몸은 나의 도구에 불과하다. 나의 일차원적 의식에 부응하지 않을 때는 몸을 혹독하게 몰아붙이기 일쑤다. 우리는 실상 몸의 소리를 경청하지 않고, 몸의 필요를 방치하고 있다. 트랜스퍼스널 심리학의 대가인 켄 윌버Ken Wilber는 이렇게 말한다.

마음을 잃어버린 사람은 거의 없겠지만, 우리들 대부분은 이미 오래전에 신체를 잃어버렸다. 나는 이 말을 문자 그대로 받아들여야 한다고 생각한다. […] 나는 더 이상 신체와 더불어 세상을 살아가는 것이 아니라 신체 위에서 살아간다. 나는 이 위에 있고 신체는 저 아래 있으며, 나는 저 아래 있는 신체와 기본적으로 편안한 관계에 있지 않다.[•]

애초에 우리는 몸의 존재에 대해 깊이 알려고 하지 않는다. 몸이 말하는 소리를 못 듣는 것은, 고통에 대한 두려움에서 가장 잘 드러난다. "신체의 고통에 대한 취약성"으로 인해 "자아는 고통의 근원에서 철회하려고, 신체를 마비시키고 동결시켜서 신체의 고통에 대한 취약성을

• 켄 윌버, 《무경계》(무우수, 2005), 174쪽.

감소시키려고 한다."* 몸으로부터 분리되어 생각에 천착하는 우리의 중심은 강고해지지 못한다. 그렇기에 철학자 김영민은 다음과 같이 말한다. "변덕은 몸이 아니라 생각이 주체일 경우에 가능한 삶의 태도인 것이다."** 제대로 된 공부는 몸에 관성을 새겨 넣는다.

몸에 새겨진 관성, 즉 습관 혹은 기율은 머리에 담긴 의식, 즉 생각을 압도한다. 생각이 주도하는 상황은 물리적 여건에 민감하게 반응한다. 쉽게 흔들린다는 뜻이다. 앎과 삶의 분리는 현행 학교 체제에서는 이상한 일이 아니다. 학교에서 종교와 철학에 대해 배운다고 그것이 삶에 변화를 일으키지는 않을 것이다. 그 지식이 생각에 머물기 때문이다. 이런 상황에서 외부의 물리적 여건이 변한다면(이를테면 질병, 승진 누락, 사업 실패 등), 대개 우리가 취하는 반응은 주체적이라기보다는 수동적이다. 참된 공부를 한 적이 없으니 살아온 대로 살아가게 되는 것이다.

그래서 김영민은 다음과 같이 잇는다. "그러므로 공부가 기회의 비용이고 그것이 결국은 몸의 주체적 응답의 방식일 수밖에 없다면, 공부란 삶의 양식을 통한 충실성 속에 응결한 슬기와 근기일 수밖에 없다."*** 옳다. 공부는 "몸의 주체적 응답의 방식"을 통해 이루어지는 것이다. 유학의 가르침이 지향하는 바도 이와 다를 바 없다. 무엇보다 몸에 주목해야 하며, 몸을 만들어야 한다. 몸의 감각을 되살리고, 몸의 질서에 순

- 앞의 책, 177-178쪽.
- ● 김영민, 《김영민의 공부론》(샘터, 2010), 24쪽.
- ● 앞의 책, 24쪽.

응해야 한다. 머리에서 몸으로 나아가야 한다. 앎은 행함으로 나아가야 완성되는 것이다.

반복과 행함

반복이 여기에 중요한 단초로 놓여 있다. 몸과 머리 사이에 반복이 가교로 자리하는 것이다. 앞서 말했던 습이 바로 반복을 가리킨다. 독자들은 공자의 위편삼절韋編三絕 고사를 기억하실 게다. 종이가 발명되기 전까지 중국의 책은 대나무 조각竹簡 수십 개를 가죽끈으로 엮어서 만든 것이었다. 그 가죽끈이 바로 위편이다. 한데 사마천의 《사기史記》의 "공자세가孔子世家" 편에 따르면, 공자가 노년에 역경을 얼마나 많이 읽었던지 대쪽을 엮은 가죽끈이 세 번이나 끊겼다는 것이다.

여하간 반복은 행함에 이르는 지름길이다. 아니, 실은 끝없는 반복만이 행함에 이르는 유일한 경로이다. 오직 이를 통해서만 몸에 습관을 새길 수 있다. 습관은 제2의 천성이다. 공부를 통해 기존의 버릇과 몸가짐을 바꾸어야 하고, 새로운 습관을 습득해야 한다. "그러므로 무엇보다도 기질과 성향을 그리고 버릇과 몸의 운용방식을 바꾸어야 한다. 그러한 뜻에서, 평생, 그리고 언제 어디서라도 그 무엇이든 자신의 한 가지 버릇을 바꾸고 있어야 한다."* 이는 분명 자연스럽지 않다. 이러한 공부는 불편하고 어색하기 그지없다.

● 앞의 책, 169쪽.

애초에 공부는 자연의 중력을 벗어나려는 시도이다. 생각해 보라. 우리가 자연에서 문화로, 아이(동물)에서 성인(인간)으로 나아가는 과정은 그러한 반복적인 연습을 요구한다. 예절 학습은 불편하고 어색한 것이다. 사실 모든 영역에서 습관은 반복 없이 형성될 수 없다. 연습이 천성의 일부가 된 이가 바로 '달인'이다. 조지 레너드는 이렇게 표현한다. "달인의 길이란 무엇인가? 달인의 길은 연습이라는 것, 이것이 핵심이다."[*] 유학에서 일컫는 '성인'도 이와 동일하다. 하여 끝없는 연습을 독려하는 유머가 널리 회자되는 것이다. 이를테면 이런 식이다.

캐딜락을 타고 콘서트를 보러 가던 텍사스 출신 청년 둘이 뉴욕의 저지 이스트사이드에서 길을 잃었다. 그들은 차를 멈추고 수염을 기른 노인에게 물었다.

"카네기 홀에 가려면 어떻게 해야 합니까?"

노인이 대답했다.

"연습!"[**]

《순자》의 "유효儒效" 편을 보아도 마찬가지다. "듣지 않는 것은 듣는 것보다 못하고, 듣기만 하는 것은 보는 것만 못하고, 보기만 하는 것은

- 조지 레너드, 《달인》(여름언덕, 2007), 89쪽.
- 앞의 책, 81쪽.

아는 것만 못하고, 알기만 하는 것은 행동하는 것만 못하다. 배우는 것이 행동하는 데 이르면 그치는 것이다. 행동하게 되면 통달하여 밝아지고, 밝아지면 성인이 된다." 다시 말하면, 성인에 이르는 길은 '문聞-견見-지知-행行'으로 이뤄져 있다. 즉, 공부의 초점은 어디까지나 몸을 통한 실행에 있다. 머리에 머무르는 지식은 충분하지 않다. 몸에 지식이 새겨져 행동으로 드러날 때 배움이 완성되는 것이다.

물론 공자와 순자는 각기 다른 인간관을 지향한다. 공자는 예禮의 외적 실천을 통해 인仁의 가시적 구현을 추구했다. 그가 인을 전제했다는 점이 중요하다. 하나 순자는 공자와 달리 인간의 선善을 신뢰하지 않았다. 그는 인간의 악을 주목했기에 인을 전제하지 않았다. 오히려 그는 예의 실천을 통해 악의 구현을 차단하고자 한 것이다. 하지만 그러한 소극적 목표 설정에도 불구하고 수양의 기본 원리에 관한 한 동일하게 받아들이고 있는 것을 확인할 수 있다. 동아시아의 유학이 추구한 인간 형성의 원리가 여기에 있는 것이다.

자, 이제 다시 묻자. 공부란 무엇인가? 그렇다고 공부를 육체의 골격과 신경을 새롭게 만드는 것이라고 봐야 하는가? 아니다. 그것은 공부의 일부에 불과하다. 공부란 사람을 만드는 것이다. 온전한 사람을 만드는 것이다. 자연적 존재로서의 동물을 문화적 존재로서의 인간으로 만드는 것이다. 따라서 무술을 단련하고(쿵후), 기술을 가다듬고工夫, 심성을 연마하는(마음공부) 것 등이 모두 '공부하다'라는 표현으로 재현되는 것이다. 곧 공부는 몸을 새롭게 만들고, 마음을 새롭게 만드는 것이다.

더 간단하게 말하면, 정신분석학이 잘 보여 주듯이 몸은 마음을 드러낸다. 마음의 리듬과 메커니즘이 그대로 몸과 연동되는 것이다. 개가 우리의 마음을 읽어 낼 수 있는 이유가 바로 거기에 있다. 개는 포유류에 속한 반려동물답게 측두엽의 변연계가 발달하여 인간의 몸이 보내는 신호를 민감하게 파악해 낸다(포유류는 변연계를 통해 다른 생명체의 처지를 공감할 수 있다). 심지어 이성적 번민에 사로잡힌 인간들보다 더 우리의 몸과 연동된 마음의 결을 잘 읽는 것으로 보인다.

이와 관련한 예를 동물행동학자인 콘라트 로렌츠Konrad Lorenz의 예화에서 확인할 수 있다. 그가 키우던 개 한 마리는 그가 싫어하는 손님을 간파하여 그 손님을 깨물었다. 로렌츠 박사를 뒤에서 보는 것만으로도 그가 손님을 싫어하는지 여부를 어렵지 않게 파악한 것이다. 우리 자신이 자각하지 못하더라도, 우리의 몸은 여전히 우리의 마음을 보여 주고 있기 때문이다. 개에게는 우리의 언어와 표정, 그리고 몸짓을 이해하는 능력이 있다.* 특히 몸짓에 관해서는 종종 우리 인간을 능가하는 것으로 보인다.

● 콘라트 로렌츠는 "사람에게 의사를 표현하는 능력에는 물론 인간의 표정과 인간의 언어를 이해하는 고도의 능력이 포함된다"라고 말하는데, 더 정확하게 말하면 여기에 인간의 몸짓도 포함된다. 이는 본문에서 언급하듯이 자신이 키우는 개가 그 자신도 간파하지 못하는 그의 몸의 언어를 명확하게 읽고 있기 때문이다. 《인간은 어떻게 개와 친구가 되었는가》(간디서원, 2003), 178쪽.

여하간 바른 배움에 바른 행함이 따르는 것은 분명 반복을 통해 바른 몸을 만들 때 가능하다. 그렇다면 바른 몸을 만드는 것을, 바른 마음을 만드는 전제로서 충분히 고려해야 할 것이다. 이런 맥락에서 보면 바른 몸(가짐)에 바른 마음이 깃든다는 말은 틀린 것이 아니다. 몸이 바르지 않은데 마음은 바르다고 할 수 있을까? 뭔가를 제대로 배운다는 것은 그에 부합하는 바른 몸가짐을 배우는 것 또한 포함한다. 뒤집어 말하면, 공부하는 자는 마땅히 자신의 몸으로써 공부와 만나야 한다.

물론 바른 몸에 바른 마음이 깃든다는 명제를 군사독재 시대에 제식훈련을 강요하기 위해 이용하듯 남용하는 것은 곤란하다. 그것은 인격적 맥락에서 바른 몸이 아니라 기계적 맥락에서 군인의 몸을 만드는 것일 뿐이다. 하나의 획일적 규율에 몸을 맞추어 넣는 폭력적인 훈련을 긍정할 수는 없다. 그것은 바른 양태의 몸을 만드는 것이 아니라, 오히려 그른 양태의 몸을 만드는 것이다. 대다수 한국 남성이 경험하는 군대에서의 시간이 만들어 내는 몸은 대체로 부정적인 것이다. 그것은 폭력적이고 위계적이고 획일적으로 작동한다.

바른 몸은 바른 흐름에 따르는 몸을 말한다. 이는 단지 유교에 국한되는 이야기일 수가 없다. 노장사상으로 보면 어떨까? 노장사상의 기본 원전인 《도덕경道德經》 8장을 보면 물과 도를 연결 짓는 가르침이 나온다. 노자는 이른바 상선약수上善若水의 가르침을 통해 마치 물이 그러하듯이 자연스런 순리에 따라 사는 모습을 논한다. 이는 마땅히 공부에

도 적용할 수 있다. 마침 파멜라 메츠Pamela Metz가《배움의 도The Tao of Learning》(민들레)에서 이를 교육학적으로 다음과 같이 풀어 번역했다(이 책 자체가 도덕경의 교육학적 의역이다).

학생은 저 자신으로 존재해야 한다.
배움터에 속임수가 있어서는 안 된다.

장애물은
괴어 있다 사방으로 넘치는 물과 같은 에너지를 발견하게 한다.

그대 배움 안에 생명이 절로 흘러넘치게 하라.
기대하지 않았던 것들, 몰랐던 것들이 예고 없이 나타나게 두어라.
그런 일이 일어날 때 교사와 그의 가르침은
전혀 새로운 내용을 경험할 수 있다.[*]

기독교는 어떠한지 생각해 보자. 기독교인이 신에게 기도할 때 취하는 일반적 자세는 무릎을 꿇는 것이다. 물론 건들거리며 불량한 자세로 기도할 수도 있겠지만, 그것은 상식적으로 자연스러운 것이 아닐뿐더러 종교적으로 존중받는 자세도 아니다. 당연히 신을 경외하는 자에게 부

---

* 《배움의 도》(민들레, 2010), 18쪽.

합하는 자세는 겸손하게 무릎을 꿇는 것이다. 기도의 본령에 속한 이 태도는 입을 열어 말하는 것이기 전에 귀를 열어 듣는 것이기도 하다. "한 말씀만 하소서. 내가 듣겠나이다." 이는 소위 청종聽從, 곧 듣고 따르는 자세를 가리킨다.

3장에서 다루겠지만, 애초에 기독교인이 되기 위해서는 무릎 꿇어 예배드리는 것부터 시작해야 한다. 하늘에는 하나님이 계시고, 사람은 이 땅에 자리한다. 그러므로 사람은 무릎을 꿇어 저 하늘을 향해 경배하고, 하늘로부터 신의 음성을 들어야 한다. 예배와 기도가 모두 본질적으로 동일한 자세를 요청하는 것이다. 언뜻 생각하면 특정한 교리를 머리에 집어넣는 것을 믿음으로 보겠지만, 실상 믿음은 몸을 만드는 것에서 시작되어야 하는 것이다. 기독교적인 몸을 만드는 과정을 통해 기독교적인 마음을 만드는 것이다.

불교에서 말하는 백팔배나 삼천배도 마찬가지 맥락에 속한다. 하다 보면 무릎이 경직되고 허리는 격통에 시달리게 마련이다. 어찌 보면 미련한 수행 방식이라 할 수도 있겠다. 우리는 이를 금욕적인 태도로 규정하기 십상이다. 혹자는 실용적인 태도로 접근하기도 한다. 요즘은 불교식 절을 다이어트 방법으로 활용하기도 한다. 하지만 이런 실용적 접근은 금욕적 접근 못지않게 그 본령에 부합하지 않는 것이다. 그 본질은 우리가 가지고 있는 아집을 내려놓는 데 있다. 다시 말하면, 우리의 집착을 포기하는 극적 표현 방식이다.

하지만 유교 사상에서 말하는 공부야말로 이를 가장 명확하게 지향한다. 수도 없이 반복하여 독경하면서 유교적 가르침을 몸에 새겨 넣는 것이다. 누구나 다 알고 있는 유교의 가르침인 '수신제가치국평천하修身齊家治國平天下'를 상기해 보자. 이는 주희가 《대학大學》에서 천명한 것인데,* 이 대학이란 큰 사람이 되도록 이끄는 가르침을 뜻한다. 큰 사람은 세상을 포용하기에 이른다. 한데 이러한 통치의 전제는 수양이다. 수양은 바로 몸을 닦는 것修身이며, 몸을 닦는 것은 바로 마음을 닦는 것修心이다.

이렇듯 한편으로 바른 몸에 바른 마음이 깃들 듯이, 다른 한편으로 바른 마음에 바른 몸(가짐)이 따라온다. 수신론修身論이 곧 수심론修心論이기도 하지만, 동시에 그 역逆도 성립하는 셈이다. 몸을 만들어 마음을 바로 세우는 동시에, 마음을 다듬어 몸을 바로잡는 것이기도 하다. 이는 유학을 나라의 기본 토대로 삼은 조선의 지식인들도 그대로 수용했다. 이를테면 조선 후기의 실학자로 잘 알려진 다산 정약용은 제자 정수칠에게 보낸 서한에서 배우는 사람이 취해야 할 몸의 자세에 대해 다음과 같이 말한다.

● 앞서 말한 《논어》, 《대학》, 《중용》, 《맹자》를 합쳐 사서(四書)라고 통칭하며, 여기에 더해 공자가 편집한 것으로 믿고 있는 《서경》, 《시경》, 《예기》, 《역경》, 《춘추》를 오경(五經)으로 로 지칭한다.

활달하여 자유스러움을 좋아하고 구속을 싫어하는 사람은 말하기를 "하필 꿇어앉아야만 학문을 할 수 있는 것인가"라고 하지만, 이 말은 또한 잘못된 것이다. 무릇 사람은 경건한 마음이 일어날 때 그 무릎이 저절로 꿇어지며, 꿇어앉은 자세를 풀면 속마음의 경건함도 역시 해이해지는 것이다. 얼굴빛을 바르게 하고 말씨를 공손히 갖는 것은 꿇어앉지 않고는 이루어지지 않는다. 이 한 가지 일에 따라 자기 스스로의 지기志氣가 드러나게 되니 꿇어앉지 않을 수 없는 것이다.*

제자에게 보내는 서한에서 정약용은 몸과 마음의 상관성을 진지하게 논하고 있다. 이른바 실학자로서 기존 학계에 대한 쇄신을 촉구하던 그였으나, 몸과 마음의 관계를 바라보는 유학의 기본적인 관점을 그대로 이어받았다. 물론 여기서 말하는 마음은 지식이 축적되는 자리로서의 머리를 가리키지 않는다. 그보다는 인격이 형성되는 자리로서의 마음을 가리키는 셈이다(참된 공부는 어디까지나 지식이 아니라 인격을 지향한다). 그러니까 앞서 말했듯이 지식 축적이 아니라 몸과 마음이 결부된 인격 도야야말로 참된 공부인 것이다.

따라서 인성에 대한 이해가 매우 중요하게 대두될 수밖에 없다. 이렇게 보면 "기실 유학의 체계는 인성론을 바탕으로 해서 성립되고 있다"는** 인

- 정약용, 《유배지에서 보낸 편지》(창비, 2001), 278쪽.
- 조긍호, 《유학심리학: 맹자·순자 편》(나남출판, 1998), 61쪽.

식에도 어느 정도 타당성이 있다. 세부적으로 보면, 맹자의 성선설이나 순자의 성악설과 같이 상충하는 입장들이 공존하고 있다. 인간에 대한 어떠한 전망을 채택하든 공통적으로 정신적 수양을 추구한다. 이러한 수양은 결국 삶의 연마로 구현된다. 그러므로 유학의 인간론에 있어서 사변적인 "인성론보다는 실천적인 수양론이 핵심을 이루고 있다"* 는 지적이 더욱 타당할 것이다.

유학은 이렇게 수양修養 을 지향한다. 그렇다면 유학을 단지 추상적 이론에 집착하는 현학적인 학문으로 환원할 수 없다는 데 동의할 것이다. 조선의 선비들은 "'공부'라는 주제를 인식론의 차원으로만 한정하지 않고, 삶을 관통하는 실천적인 수양과정으로까지 확장하였다. 그들의 공부론은 떼오리아theoria적인 요소와 프락시스prasxis적인 차원을 아우른다."** 이렇듯 유학은 수양을 목적으로 하는 이론적이자 실천적인 학문이다. 곧 앎과 삶을 통합하는 학문이다.

이렇듯 몸을 닦고 마음을 밝히는 가르침으로서 유학의 현실적이고 윤리적인 지향성을 잘 보여 주는 개념이 바로 위기지학爲己之學이다. 내가 습득하는 지식과 내가 형성하는 존재 사이의 간격을 해소하는 데 초점이 있다. 이로 인해 인간의 욕망에 대한 깊은 탐구를 병행한다. 앎과 삶의 격차가 그대로 우리의 욕망을 보여 준다. 욕망은 우리 몸의 관성을

● 　김승혜, 《원시유교》(민음사, 1990), 328쪽.
●● 정순우, 《공부의 발견》(현암사, 2007), 20 – 21쪽.

여지없이 반영하고 있는 것이다. 문자 그대로 욕망을 통해 자신의 처지를 확인할 수 있다. 내가 욕망하는 바에 나의 본령이 있는 것이다. 유학은 이 욕慾의 통제, 즉 절욕節慾을 지향한다.

간단히 정리하면, 유학의 공부론(수양론)은 본체론과 인성론이 결합된 것이다. 현대적으로 표현하면, 존재론과 윤리학이 하나 된 것이다. 다시 말하면, 조선의 선비들이 유학을 공부하는 것은 우주론에 대한 깊은 성찰과 더불어 삶의 변화를 지향점으로 두고 있다는 뜻이다.* 유학은 고도로 추상적인 사변 체계이자 극도로 현실적인 윤리 체계이다. 앞서 인용한 바와 같이 떼오리아적인 요소와 프락시스적인 차원을 아우르는 것이다. 이렇게 이론과 실천을 결합하는 방식이 바로 공부에 대한 동아시아의 접근을 특징짓는다.

주자의 공부법

결국 유학에 있어서 공부의 초점은 마음이다(물론 이는 몸과의 관계로 구현된다). 요즘 유행하는 마음공부라는 개념이야말로 유학의 공부 개념이라 할 수 있다. 이는 성리학을 집대성한 12세기 유학자 주자(주희)의 격물치지格物致知 개념에서도 잘 드러난다. 이 또한 객관적인 지식을 탐

• 정순우는 이를 가리켜 "조선의 지식체계는 지식과 덕성이 결합된 매우 특이한 형식이다"라고 표현한다(앞의 책, 35쪽). 하지만, 앞으로 다루겠지만, 이는 비단 유학 혹은 조선에만 한정되는 것은 아니다. 외국이든 한국이든 근대 이후로 이 소중한 통찰을 잃어버렸을 뿐이다.

공부란 무엇인가

구하는 방법인 동시에 인격적인 수양을 추구하는 방도인 것이다. 바깥의 객관적 사물을 이해한다는 것은 곧 내 안의 인격적 변화로 변용變容되어야만 한다. 사물의 이치를 탐구한다는 격물格物을 추상적인 인식론의 개념으로 환원해서는 곤란하다.

그렇기 때문에 실용적인 목적을 배제하고 인격적인 성장을 추구하는 주자의 공부법이 지금에 와서 새롭게 주목받는 것이다. 여기서 독서는 배우는 사람學者의 첫 번째 일이 아니다. 그렇다면 무엇이 우선하는 것일까? "'첫 번째 일'이란 스스로 사람다운 사람이 되는 것이다. 즉 자기가 본래 갖고 있는 본성을 찾기 위해서는, 혹은 자신의 존재 이유를 알기 위해서는 먼저 자신의 삿됨을 죽여야 한다."* 독서는 그 뜻을 바로 세운 다음에 해야 한다. 참된 사람이 되기 위해 책을 읽고 공부해야 하는 것이다.

그런 의미에서 주자에게 독서는 취미의 하나가 아니라 생존의 방도이다. 짐승처럼 살지 않고 사람답게 살기 위해 책을 읽는 것이기 때문이다. 그러므로 독서는 절박하게 해야 하는 것이다. 읽고 배운 것을 내 것으로 만들어야 하기 때문이다. 그러므로 양보다 질이 중요할 수밖에 없다. 여러 책을 아울러 속독하며 지식을 쌓기보다는 좋은 책을 골라서 차분하게 정독하며 지식을 곰삭혀야 한다. 주자의 권유에 따르면, 하루

----

* 송주복, 《주자서당은 어떻게 글을 배웠나》(청계, 1999), 23쪽. 주자의 독서법은 《주자어류》의 10권과 11권에 나온다. 송주복의 글은 바로 이 부분을 풀어 놓은 것이다.

에 한 단락을 읽는 것이 적당하다. 완독한 책의 권수를 자랑하는 것은 진실로 헛되다.

혹자는 고대에는 책을 구하기가 어려웠기 때문에 당연히 정독을 할 수밖에 없었다고 주장할지도 모르겠다. 하지만 송대宋代에 이르러서는 인쇄술이 비약적으로 발달하여 누구라도 어렵지 않게 책을 구할 수 있었다. 구텐베르크 이후 서구와 비슷한 상황이었다. 당시 지식인들은 다독多讀을 추구하였다. 그런 맥락에서 주자의 독서법은 당대 지적 흐름에 대한 저항이었다고 봐도 무방하다. 시간의 단축을 추구하는 현대사회에서 다시금 여유로운 생활 slow life을 주장하듯이 지식의 축적을 추구하는 송대 학계에서 새롭게 느린 독서 slow reading를 주장한 셈이다.

조선의 선비

이후 많은 이들이 주자식 공부법을 따르게 된다. 더욱이 조선의 유학자들은 그의 가르침을 충심으로 따랐다. 내용에서만 아니라 형식에서도 그리했다. 하여 그들은 고전을 읽고 또 읽었다. 지금 와서 보면, 많은 경우 그러한 충정의 방향이 본질에서 외형으로 옮겨 갔다고 말할 수 있다. 더욱이 조선 후기로 갈수록 공부의 참된 의미를 잃어버리고, 영달榮達을 주로 쫓았다는 것은 의심할 여지가 없다.

하나, 무엇보다 조선 선비들의 성실한 독서와 이를 통한 수양은 우리가 본받아야 할 점이다. 성리학을 둘러싸고 해석 논쟁이 발생하고, 나아가 정통과 이단 시비가 일어난 것도 부정적으로만 바라볼 일이 아니다.

공부란 무엇인가

달리 생각해 보면, 이러한 해석의 갈등은 그들이 얼마나 열심히 읽고 씨름했는지를 보여 주는 반증이다. 정통과 이단의 시비는 조선 시대 유학자들의 학풍이 생각보다 다양한 흐름을 이루었다는 뜻이기도 하다. 또한 그들이 치열하게 싸운 것은 그들이 배운 바에 삶을 걸었기 때문이기도 하다. 공부가 그만큼 진지한 대상이었다는 뜻이다.

조선기 지식인들의 논쟁은 단지 현학적 유희에 불과한 것이 아니다. 청소년 시절에 배운 이기일원론理氣一元論과 이기이원론理氣二元論의 논쟁을 떠올려 보자. 이는 이理와 기氣의 본질을 둘러싸고 진행된 것으로, 성리학 진영 안에서 발생한 존재론적 논쟁이라고 정리할 수 있다. 이는 곧 우주의 실재로서의 이를 강조하던 퇴계 이황과, 존재의 근원으로서의 기를 강조하던 율곡 이이의 논쟁이라고 봐도 무방하다. 물론 이황을 계승하는 영남학파의 주리론主理論과 이이를 계승하는 기호학파의 주기론主氣論은 대립되는 것이 당연하다.

사실 주리와 주기의 논쟁은 퇴계 이황과 고봉 기대승의 서신 교환을 통한 사단칠정四端七情 논쟁에서부터 시작된다. 애초에 '주리'라는 표현 자체가 이황이 기대승에게 보내는 서한에서 처음 등장한다. 율곡 이이는 고봉 기대승의 주장을 받아들였다. 하여 율곡 이이와 우계 성혼의 문묘종사文廟從祀를 반대하는 상소문에는 다음과 같은 문장이 나온다. "또한且 이이李珥의 학문은 기氣 자를 오로지 주로 하였다且珥之學, 專主氣字."* 이는 조

● 이에 대해 간결하게 정돈되어 있는 자료로는 다음을 들 수 있다. 오항녕, "율곡 이이는 이단이다!", 〈프레시안〉 2013년 10월 4일 자.

선왕조실록에 주기가 등장하는 유일한 사례라고 한다.

이가 기를 작동시키는 근본 법칙이라고 보는 주리론은 이기이원론理氣二元論으로 나아간다. 영속적인 이가 가멸적인 기와 동일할 수 없기 때문이다. 이가 기에 선행하며, 나아가 기를 산출한다. 반면 기를 우주의 근원으로 보는 주기론은 이기일원론으로 나아간다. 이가 기를 주재하는 보편 원리에 불과하기 때문이다. 이기이원론이 실재론이라면, 이기일원론은 유명론인 셈이다. 전자가 이데아를 저 위에 상정하는 플라톤과 유사하다면, 후자는 이데아를 현실의 질료 안에 자리 매기는 아리스토텔레스와 비슷하다.

언뜻 살펴보면, 이기이원론과 이기일원론 논쟁은 현실과 무관한 사변적인 유희로 이해하기 쉽다. 이를테면 이기이원론은 이에 주도성을 부여하나, 이기일원론은 기에 주도성을 제공하는 것이다. 당연히 이 논쟁은 중기 조선의 지성사를 관통하고 있다. 하지만 이는 지성사를 넘어서는 것이기도 하다. 조선의 선비들이 이와 기의 개념을 다루는 태도가 개인과 사회에 대한 태도를 반영한다는 사실을 간과해서는 안 된다. 주리론은 존재론적 회복을 강조하고, 주기론은 현실적인 개혁을 추구한다. 전자는 이론을 강조하고, 후자는 실천을 강조한다.●

● 일반적으로 이기일원론이 실학사상으로 계승되는 것으로 해석한다. 물론 북학파는 율곡의 기호학파에 젖줄을 대고 있다. 그러나 성호 이익과 다산 정약용은 퇴계에 연결되어 있으니 이러한 설명은 타당하지 않다. 애초에 실학사상이라는 개념으로 조선 후기 지성사를 정리하려는 시도가 서구적 근대성의 모델을 억지로 이식하려는 것에 불과하다.

하지만 이렇게 유형론적으로 도식화된 구분에 대하여 비판이 제기되고 있다. 주기라는 용어 자체는 원래 이황이 서경덕을 비판하기 위해 사용한 것인데,[*] 이를 퇴계 이황 측에 비해 상대적으로 기를 더 강조했던 율곡 이이에게 적용한 것이다. 이이 또한 주리론의 입장에 서 있었기에 그를 주기론으로 규정하는 것은 과장된 접근일 수밖에 없다. 즉 퇴계학파의 율곡학파에 대한 부적절한 비방에 사용된 용어라는 것이다. 이러한 관점에서 본다면, 주희의 정통 계승자로 이황을 상정한 쪽의 입장에서 느끼는 위기감을 반영한 것이라고 할 수 있다.

무엇보다도 이러한 주리와 주기의 구도가 일본의 관변학자 다카하시로부터 나왔다는 것을 간과해서는 안 된다.[**] 설혹 그렇다고 하더라도 한국의 주자학 진영 안에서 기의 해석을 둘러싼 논쟁이 있었다는 것과 이로 말미암은 실제 결과가 가시적으로 드러났다는 것을 부인하기는 어렵다. 요는 지식과 삶(을 넘어서 정치)의 긴밀한 관계가 있다는 것이다. 이와 기의 관계에 대한 성찰은 단지 추상적 사변에 한정된 논의가 아니라, 그 영향이 정치적 현실에 적용되었다는 것이 중요하다.

- 김용헌, 《조선 성리학, 지식권력의 탄생》(프로네시스, 2010), 273-274쪽.
- ● 앞의 책, 271쪽.

공부란 무엇인가

우리에게 철학은 무엇인가? 물론 대다수는 존재론, 인식론, 윤리학 등의 추상적 사변을 다루는 일련의 분과 학문 체계를 가리킨다고 답할 것이다. 틀린 답은 아니다. 하나, 여기서는 묵직한 어감으로 다가오는 어휘 자체에 대해 묻는 것이다. 일단 哲學이라는 단어 자체는 19세기 말이나 20세기 초에 한국에 들어왔는데, 일본의 역어를 수입한 것이다. 처음에는 비록소비아費祿蘇非亞, 斐錄所費亞 또는 비룡소비아飛龍小飛阿 같은 가차자를 사용하였다. 이는 모두 필로소피아의 음역이라는 것을 어렵지 않게 짐작할 수 있다.

철학과 필로소피

필로소피아philosophia는 그리스어 단어다. 곧 그리스 문명권에서 기인한 단어다. 지혜sophia에 대한 사랑philo을 의미하는 필로소피아라는 어휘는 기원전 5세기 즈음에 처음 등장한 것으로 보인다. 역사가 헤로도토스에 따르면, 리디아의 왕 크로이소스가 솔론을 앎과 지혜에 대한 애착과 흥미를 가진 이로 묘사한다. 최소한 소피스트의 도시 아테네에서는 널리 유행하던 단어였을 것이다. 우리 시대에는 부정적으로 인식되지만, 소피스트들은 그리스의 대표적인 지식인들이었다. 청년들에게 대가를 받고 정치적 기예를 전수하는 교사였다.

여기서 우리가 주목할 것은 소피아라는 단어다. 소피아는 지혜와 지식을 포괄하는 개념으로 보인다. 그러므로 사변적 인식이라기보다는 실천적 인식이고, 추상적 지식이라기보다는 실용적 지식이라고 봐야 옳을 게다. 이를테면 호메로스가 《일리아스*Ilias*》를 통해 목수를 이야기할 때 등장하는 소피아는 목재를 다루는 노하우다. 물론 소피아는 여러 용례를 통해 그 다양한 의미를 과시하고 있다. 따라서 한 가지 획일적인 뜻으로 이 어휘의 의미론적 경계를 획정할 수는 없다. 그 포괄적인 지평에 비추어, 소피아를 생각해야 한다.

소크라테스와 필로소피아

우리는 소크라테스를 통해 필로소피아의 인격적 구현을 확인할 수 있다. 고대 그리스 철학자들의 원조라 할 수 있는 바로 그 소크라테스 말이다. 소크라테스가 철학자라는 점은 《향연*Symposion*》에서 명확하게 규명된다. 분량이 얼마 되지 않는 이 소품은 플라톤의 〈대화편*dialogues*, 對話篇〉 가운데 하나다. 〈대화편〉의 주인공은 언제나 소크라테스다. 플라

톤의 탁월한 문학적 구성력을 통해 그의 역동적인 모습이 잘 드러난
다.[*] 이 소품은 향연饗宴이라는 단어 그대로 잔치 자리를 배경으로 하는
데, 여기서도 그를 중심으로 일련의 인물들이 주로 사랑에 대해 대화를
나눈다.

이 잔치는 시인 아가톤이 비극 경연에서 승리한 것을 기념하여 베푼
자리였다. 그 자리에서 사람들은 에로스를 찬양했고, 뒤늦게 참석한 소
크라테스 역시 그리하였다. 하나, 정작《향연》을 통해 드러나는 것은 에
로스에 대한 묘사가 소크라테스에 대한 설명과 연결된다는 것이다.

다섯 사람의 연설에 이어서 소크라테스가 디오티마의 말을 빌려 사
랑을 이야기한다(디오티마는 플라톤이 문학적으로 설정한 인물인 듯하다). 아
프로디테의 탄생일에 벌어진 신들의 잔치에서 빈곤의 여신 페니아는 가
난을 벗어나기 위해 술에 취한 풍요와 간계의 신 포로스와 동침한다.
이 일로 인해 에로스가 태어난다. 에로스는 처음부터 매개의 존재다. 그
는 미의 여신의 탄생일에 잉태되었기에 아름다움을 갈망하지만, 모친
으로 인해 항상 상대에게 사랑을 구걸할 수밖에 없다. 하여 에로스는
아름다운 것과 추한 것들 "사이에 있는 어떤 것"이다.

디오티마는 이를 설명하기 위해 "지혜와 무지 사이에" 있는 무엇, 즉

● 플라톤의 명성은 어느 정도 이러한 대화적 글쓰기에 기인한다. 이를테면 고대 그리스
폴리스의 정치학을 공부하고자 할 때에도, 아리스토텔레스의 《정치학》보다는 플라톤
의 《국가》가 상대적으로 접근하기 용이하다. 물론 막상 읽어 보면 《정치학》도 생각보
다 어렵지 않게 읽힌다.

옳은 의견을 제시한다. 물론 이 옳은 의견을 통해 우리는 지자智者, 곧 소크라테스를 떠올리게 된다. 철학자는 앎과 무지 사이에 서 있고, 에로스는 불멸과 필멸 사이에 자리한다. 나아가 이 양자는 겹치게 된다. 에로스는 앎과 무지의 사이에 있다. 다시 말하면, 에로스는 철학자라고 해도 과언이 아니다. 여기서 플라톤은 지혜로운 자와 무지한 자들 사이에 있는, 지혜를 사랑하는 자들을 제시하고, 또한 그 모델로 소크라테스를 묘사하고 싶었던 것이다.

지혜가 가장 아름다운 것 가운데 하나이고 에로스가 아름다운 것에 관련된 사랑이라면, 에로스는 필연적으로 지혜를 사랑하는 분이고 지혜를 사랑하는 분으로서 필연적으로 지혜로운 자와 무지한 자의 중간에 있을 수밖에 없기 때문이지요. 그 이유 또한 그분의 부모에게 있어요. 아버지는 지혜롭고 방편이 있지만, 어머니는 지혜롭지 못하고 방편이 없으니 말에요. 친애하는 소크라테스, 이것이 에로스라는 정령의 본성이라오.•

이렇게 하여 플라톤은 신화로서의 에로스와 역사로서의 소크라테스를 기묘하게 병치하고 있다.•• 그는 두 가지 면에서 우리에게 철학자

• 플라톤, 《소크라테스의 변론·크리톤·파이돈·향연》(숲, 2012), 306쪽.
•• "우리는 이 《대화편》 전체를 통틀어, 특히 디오티마와 알키비아데스 이야기에서 에로스라는 존재의 특징과 소크라테스의 특징이 혼동되는 경향이 있음을 알아차릴 수 있다. 결국 그들이 너무나 긴밀하게 연결되는 이유는 이것이다. 그 둘은 모두 — 에로

의 위상을 보여 준다. 혹은 공부하는 자의 모습을 보여 준다고 해도 무방할 것이다. 무엇보다 그는 공부의 태도를 보여 준다. 무지를 통한 앎이 바로 그것이다. 그에게는 지혜가 없기에 지혜를 갈망한다. "그는 앎을 열망했다. [⋯] 그는 에로스이다. 이 말이 뜻하는 바는, 그가 곧 '욕망'이라는 것이다."* 이것은 지향성이며, 갈망하나 도달하지 못할 대상이기에 삶 자체의 초점이 그것을 추구하는 데 놓여 있다.

다음으로 플라톤은 소크라테스를 통해 공부의 대가를 보여 준다. 소크라테스는 앎을 갈망하고, 나아가 앎과 삶의 합치를 추구했다. 그런데 그런 갈망과 추구에는 비상한 용기가 필요하다. 실은 그것을 위해 목숨을 걸어야 한다. 이것이 바로 지혜를 사랑하는 자, 곧 철학자의 모습이다. 이런 특징은 특히 《소크라테스의 변론*Apologia Sōkratēs*》에서 뚜렷하게 나타난다. 실제로 소크라테스는 폴리스 안에서 자신의 신념을 유지하고 폴리스 시민들의 각성을 촉구하기 위해 자기 목숨을 제물로 바쳐야 했다. 이제 전자부터 살펴보자.

스는 신화적으로, 소크라테스는 역사적으로─철학자의 모습을 인격화한 존재들이기 때문이다. 여기에 이 대화편의 심오한 의미가 있다." 피에르 아도, 《고대 철학이란 무엇인가》(이레, 2008), 61쪽.

* 앞의 책, 67쪽.

누구나 "너 자신을 알라 γνῶθι σαυτόν"는 그리스의 유명한 격언을 기억할 것이다. 흔히 소크라테스가 처음 말한 경구로 잘못 알려져 있는데, 지리학자이자 여행가로 알려져 있는 파우사니아스Παυσανίας에 따르면, 원래 이 경구는 델포이 아폴로 신전의 전실前室, pronaos에 새겨져 있던 것이다. 프로나오스pronaos는 앞front과 제실cella의 합성어이다. 결국 이 격언은 신전 입구를 지나 성전聖殿, 즉 예배당에 들어서기 전에 갖추어야 할 마음 자세를 가리키는 교훈이라 할 수 있다. 바른 예배의 자세는 바른 학습의 자세이기도 한 것이다.

다시 말하면, 고대의 성전과 고대의 학당은 본질적으로 동일한 태도를 요청하는 셈이다. 나에 대한 자각은 대상에 대한 경외로 연장된다. '너 자신을 알라'는 말은 자신의 무지를 알라는 뜻이다. 자신의 무지를 아는 것은 곧 앎을 향해 나아가는, 겸손과 경외가 특징적인 태도이다. "철학자는 무지의 상태를 자각하며 지혜를 열망하고 그것을 향해 나아가고자 한다."● 여기서 경외의 대상은 인식의 대상으로서의 사물(주제)이다. 사물에 대한 바른 태도는 신에 대한 경외와 유사한 것이다(어쩌면 이웃에 대한 경청과도 유사할 것이다).

이 점을 잘 보여 주는 것이 바로 교육학계의 구루 파커 파머의 교육학이다. 그에 따르면, 교사와 학생은 다른 무엇보다도 학습 대상으로서

● 앞의 책, 72쪽.

의 실재(사물)를 우선해야 한다. "따라서 교실은 교사 중심도 아니고 학생 중심도 아닌, 주제 중심이 되어야 한다. […] 이 교실은 교사와 학생이 위대한 사물을 집중적으로 파고드는 교실[…]이 되어야 한다."● 너와 내가 뒤로 물러나야 한다. 우리는 모두 실재 앞에서 무지한 자를 자처해야 한다. 이는 실재를 존중하는 것이며, 마르틴 부버Martin Buber가 말한 나-너의 접근 방법처럼 대상을 인격적으로 대하는 것이다.

우리는 식물유전학자 바버라 매클린톡Barbara McClintock에게서 좋은 사례를 찾아볼 수 있다. 그녀의 주된 연구 분야는 옥수수 유전학이다. 그녀는 수도사나 다름없이 40여 년이라는 긴 세월 동안 옥수수를 연구하는 외길 인생을 걸었다. 그런데 그녀에게 생명은 이성의 논리로 분석하기 이전에 마음의 느낌으로 감지하는 것이었다. 과학자가 종양을 이해하기 위해서는 종양이 되어야 하다고 주장하는 사람이었다. 그런 주장에 걸맞게 매클린톡은 농장의 옥수수 하나하나에 이름을 붙여 주고, 틈틈이 말을 건넸다. 그랬더니 옥수수가 자기 세포 안에서 일어나는 생명 현상에 대해 알려 줬다는 것이다.

물론 매클린톡으로서는 옥수수에게 귀를 기울이는 것이 당연했다. 하지만 옥수수와 마음으로 교감하고, 옥수수가 건네는 말을 진심으로 경청하고, 옥수수가 스스로 다가오도록 자신을 개방하는 접근법은 동료 남성 학자들의 반감을 불러일으켰다. 연구자를 우위에 설정하고 이

● 파커 파머, 《가르칠 수 있는 용기》(한문화, 2000), 199쪽.

성으로 분석하는 근대의 연구 방법과는 그 태도가 전혀 달랐기 때문이다. 하나, 그녀는 말년에 이르러 노벨상을 수상하면서(1983년) 자신의 연구 방법론을 당당하게 증명해 냈다.* 우리 또한 실재를 우선하고, 실재의 소리를 들어야 한다.

진실을 말하고자 하는 용기

소크라테스는 자신이 무지하다는 것을 분명히 알았다. 자신이 제대로 알고 있는 것이 없다는 것을 온전히 알았기 때문에 누구를 만나든 항상 자신의 무지를 전제했다. 혹은 일부러 알고 있는 것이 전혀 없는 것처럼 처신했다. 결국은 마찬가지다. 분명한 것은 소크라테스가 자신의 무지를 잘 알았다는 점이다. 실은 무지야말로 지에 이르는 길이다.《도덕경》65장이 바로 이것을 말한다. 파멜라 메츠는 이를 교육학적으로 다음과 같이 풀어 번역했다.

옛적의 교사들은 학생들을 교육하지 않고
그들이 무지하다는 것을 가르쳤다.

학생이 자기가 무엇을 안다고 생각할 때,

* 더 자세히 알고 싶으면 바버라 매클린톡의 평전을 보라. 이블린 폭스 켈러, 《생명의 느낌》(양문, 2001).

그들을 가르치기는 어려운 일이다.

자기가 아무것도 모른다고 생각할 때,

학생은 스스로 자기 길을 찾을 수 있다.

배우는 방법을 배우고 싶거든

우쭐대거나 오만하지 말아라.

가장 단순한 길이 가장 명백한 길이다.

그대가 일상생활로 만족한다면

그대의 참 자아로 가는 길을 자신에게 가르칠 수 있다.[*]

우리는 여기서 동양과 서양을 막론하고 고대의 지혜가 동일한 방향으로 나아가는 것을 본다. 여기서 소크라테스는 한 걸음 더 나아간다. 그는 언제나 자신이 만나는 상대에게 자기 주장을 증명하도록 요구했다. 그 자신은 어차피 모르니 상대가 얼마나 제대로 알고 있는지 확인해 보자는 것이다. 헌데 그 결과 드러나는 것은 언제나 상대의 무지였다. 물론 소크라테스가 상대의 무지와 오류가 드러나게 만든 것이다. 소크라테스는 항상 상대를 구석으로 몰아 그를 열폭하게 만들었다.

---

[*] 파멜라 메츠, 《배움의 도》(민들레, 2004), 90쪽. 영어 원문(Not Knowing: Theory and Practice)은 152쪽에 수록되어 있다.

아테나이인 여러분, 나는 이처럼 찾아다니며 캐물은 까닭에 많은 사람에게 감당하기 어려울 정도로 심한 미움을 샀습니다. 그리고 그렇게 미움을 산 탓에 모함을 받았고, '현자'라고 불리게 된 것입니다. 그도 그럴 것이, 내가 다른 사람의 주장을 반박할 때마다 그 자리에 있던 사람들은 내가 그 주제에 관해 잘 알고 있다고 생각했기 때문입니다. 그러나 여러분, 신만이 진정한 현자이며, 신께서는 그 신탁을 통해 인간의 지혜란 별로 또는 전혀 가치가 없다고 우리에게 말씀하시는 것 같습니다. 또한 내가 보기에, 신께서 이 소크라테스를 거명하신 것은 단지 나를 본보기로 삼아, "인간들이여, 너희들 가운데 가장 지혜로운 자는 소크라테스처럼 지혜에 관한 한 자신이 진실로 무가치한 것을 깨달은 자이니라!"라고 말씀하시기 위해서인 것 같습니다.[•]

소크라테스가 사형을 당하게 된 것은, 그가 언제나 달갑지 않은 진실을 알게 하는 귀찮은 존재로서, 마치 등에(쇠파리)와도 같은 역할을 했기 때문이다. 그렇다. 많은 경우 진실을 아는 것은 즐거운 일이 아니다. 굳이 알고 싶지 않은 진실에 직면시킬 때, 폴리스 시민들이 그에게 걷잡을 수 없는 분노를 느낀 것은 어쩌면 당연하다. 듣고 싶어 하지 않을 이야기를 굳이 들려주는 일은 위험한 것이다. 그는 그 일을 감당하기 위해 목숨을 걸었다. 진실/진리를 말하고자 하는 용기가 있었기 때문이다. 그는 국가와 맞짱 떴다.

• 플라톤, 《소크라테스의 변론·크리톤·파이돈·향연》, 29쪽.

공부란 무엇인가 |

이런 용기를 가리켜 파레지아*parrêsia*라고 한다. 참된 위험을 감수하고 군이 진실을 말하는 용기와 그 실천을 가리키는 말이다. 이런 용기를 지니고, 자신의 영혼에서 우러나오는 진실한 신념을 외치기 위해 그 어떠한 손해라도 감수할 수 있어야 한다. 진실을 말할 때, 진실의 주체로서 자신을 전면에 내놓는 것이다. 미셸 푸코가 말년에, 즉 1982-1984년에 콜레주 드 프랑스Collège de France 강의에서 집중한 주제가 바로 이 파레지아 개념이었다.[*] 새로운 주체 형성의 가능성을 모색하기 위한 시도였을 것이다.

철학과 영성 수련

말과 삶을 결합하도록 이끄는 이런 모습은 우리가 흔히 생각하는 철학 공부와는 매우 다르다. 이것은 차라리 영성 수련과 연결될 게다. 실제로 고대 그리스에서 철학은 영성과 연결된다. 철학은 이론이라기보다는 실천이기 때문이다. 철저하게 실용성을 특징으로 하기 때문이다. 쉽게 말하면, 고대 그리스의 철학은 곧 생활 방식을 가리킨다. 우리는 통상 학교에서 배운 대로 존재의 근원 요소, 즉 아르케*arche*에 대한 탐구로만 이해하고 있지만, 실상은 훨씬 심오한 것이다. 이해하기에 따라 훨씬 현실적인 것이기도 하다.

---

* 이에 대해서는 다음을 참고하라. 프레데리크 그로, "푸코에 있어서 '파르헤지아'(1982~84)", 《미셸 푸코 진실의 용기》(길, 2006).

참된 것과 거짓된 것에 대해 질의하는 게 아니라 참된 것과 거짓된 것을 존재하게 만드는 바에 대해 질의하고, 또 참된 것과 거짓된 것을 판단할 수 있다거나 그렇지 못하게 만드는 바에 대해 물음을 던지는 사유의 형식을 '철학'이라 명명하도록 합시다. 이것을 '철학'이라 명명한다면 진실에 접근하기 위해 주체가 자기 자신에게 필요한 변형을 가하는 탐구 실천 경험 전반을 '영성'(spiritualité)라고 부를 수 있을 겁니다. 따라서 인식이 아니라 주체, 심지어는 주체의 존재가 진실에 접근하기 위해 치러야 하는 대가를 구성하는 정화, 자기 수련, 포기, 시선의 변환, 생활의 변화 등과 같은 탐구, 그리고 실천, 경험 전반을 '영성'(spiritualité)이라 부르도록 합시다.[•]

플라톤은 소크라테스를 주인공으로 내세운 〈대화편〉의 작가일 뿐만 아니라 아카데미아라는 학교의 교사(학장)이기도 했다. 그는 소크라테스에게서 배운 대화법과 생활 태도를 아카데미아를 통해 전수했다. 아카데미아는 학도들을 정치적 인재로 양육하는 동시에 철학적 인재로 육성하기 위해 설립한 교육 기관이다. 미래의 정치가와 철학자를 배출하기 위해 그는 이 학문 공동체를 엄격하게 관리하고, 구성원들을 양육했다. 문자 그대로 지적 훈련과 영성 훈련으로 그들을 이끌었다.

• 미셸 푸코, 《주체의 해석학》(동문선, 2007), 58-59쪽.

특별히 변증법을 주목할 필요가 있다. 변증법은 dialectic이다. dia는 사이between를 뜻하며, lectic은 말하다라는 뜻의 동사 lege에서 왔다. 그러니까 변증법은 곧 대화의 기술인 셈이다(플라톤이 변증법을 얼마나 강조하는지를 보면 고대 그리스에서 대화가 차지하는 비중을 어느 정도 가늠할 수 있다). 당연히 이것은 일차적으로 논리적 훈련에 해당한다. 그러나 플라톤은 이것을 통해 학도들의 변화를 꾀하는 영성 훈련으로 전유하였다. 즉 한쪽이 다른 한쪽을 압도하는 것이 아니라 로고스의 인도를 따라 대화의 상대자가 합치에 이르게 했던 것이다.

변증법에 대한 강조를 보다 깊이 생각해 보면 그들의 극심한 의견 차이를 미루어 짐작할 수 있다. 대화는 이견異見을 전제한다. 더욱이 대화와 토론은 결코 완결된 형태의 지식 전달을 목적으로 하지 않는다. 결국 아카데미아의 구성원들을 하나로 묶어 주는 것은 철학 신조가 아니라 생활 방식인 것이다. 그들의 공통점은 머리에 담긴 것이 아니라 몸에 새겨진 것이다. 공동생활이 그들 안에 숙성시킨 것은, 생각하는 내용의 동일성이 아니라 살아가는 자세의 동일성이었다.

대화의 기술로서의 변증법은 원칙적으로 자신의 입장을 넘어설 수 있도록 이끌어 간다. 대화는 그 자체로 정돈된 지식을 주입하는 데 목적이 있는 것이 아니라 오히려 더 나은 앎을 화자의 내면에 촉발한다. 서로를 하나가 되게 할 뿐 아니라 함께 더 나은 앎을 향해 이끌어 가면서 모두 성장하게 하는 것이다. 따라서 이것은 공동체 안에서 현실적으로 중요한 사회적 함의를 지닌다. 대화를 통해 추구하는 학문은 그들에게 인간으로서의 성숙을 향해 나아가는 명확한 발판이 되었다. 그들에게 있어서 대화는 철학의 본질에 다름 아니다.

관조와 실천의 분리

또한 우리는 아리스토텔레스에 주목해야 한다. 플라톤의 아카데미아에서 20년을 문하생으로 지낸 그는 이후에 리케이온이라는 학당을 열었다. 거기서 그는 정치보다 철학에 더욱 집중했다. 리케이온에서의 철학은 거대한 학문적 시도로 특징된다. 그는 추론보다 관찰을 더욱 신뢰했기 때문에 방대한 자료들을 축적했다. 오늘날 남아 있는 몇 가지 안 되는 강의 노트만으로도 그의 영향력은 포괄적이라고 할 수 있다. 그가 설정해 놓은 범주와 그 기획은 1천여 년에 걸친 서구 지성사를 관통했다. 이 모든 것에서 앎에 대한 그의 순수한 열정이 드러난다.

그러나 여기서 우리가 주목할 개념은 한 가지다. 그는 프락티스(현실적 앎)보다 테오리아(관조적 앎)에 더 관심을 두었다. 즉 그는 현실 세계에서 활동하는 삶으로부터 물러나 정신세계에 집중하는 관조의 삶을 살아가는 것을 높이 평가했다. 곧, 바깥의 재물과 내면의 정념에 치우치지 않는 삶이다. 당연히 모든 욕망에서 벗어나야 가능하다. 또한 관조는 그 자체가 목적이지, 어떤 목적을 위한 수단이 아니다. 그러므로 철저하게 무용성無用性과 비생산성을 그 특징으로 한다. 무엇보다 관조는 그 자체로 순수한 행복이라고 이해되었다.*

플라톤의 아카데미아, 아리스토텔레스의 리케이온에 더불어 에피쿠로스가 설립한 호케포스와 제논이 세운 스토아도 그리스의 학당으로서 빼놓을 수가 없다. 이 네 곳이 고대 그리스의 철학 교육을 전담하다시피 했다. 물론 각각의 학당은 여러 차이점을 드러내고 있었지만, 그들을 하나로 묶어 주는 것은 이 학당들을 통해 삶의 방식으로서의 철학을 전수했다는 데 있다. 무엇보다 중요한 것은, 그리스의 학당에서 학도들이 배우는 것은 단순히 머리에 담으면 되는 철학 지식이 아니라 몸으로 배워야 하는 삶의 방식이었다는 점이다. 그것이 바로 철학이었다.

그러니까 학당은 철학 사상 이전에 수련 방식으로 학도들에게 선택받았다. 학도들은 공동체로 살아가면서 그 모든 일상을 통해 자연스럽게 철학을 배울 수 있었다. 우리가 이제까지 알고 있던 그리스의 학당은 그저 학파이고 학교일 뿐이지만, 실제 학당을 살펴보면 생활 공동체인 동시에 학습 공동체였던 것이다. 어찌 보면 그리스의 학당은 삶의 방식으로서의 철학을 전수하는 수도원이라고 할 수 있겠다. 더욱이 당시 학당은 학도들에게 학비를 받지 않았고, 모두 각자 자기 역할을 감당해야 했던 것으로 추정되기에 더욱 그러하다.

고대 그리스의 철학에 대해 제대로 알고 싶다면, 그들의 사변적인 논

● 아랍을 경유해 다시 들어온 아리스토텔레스의 사상을 나름의 방식으로 전유한 토마스 아퀴나스는 이 개념을 이어받아서 《이교도 논박 대전》의 3권 50–63장에서 지복직관(*visio beatifica*)에 대해 말했다.

의에 매몰되지 말고 오히려 그 이면에 자리한 그들의 영적 수련과 그 열정을 읽어 내야 할 것이다. 또한 그들이 지불한 대가를 잘 헤아려야 한다. 고대 그리스인들은 공부하기 위해 삶과 죽음을 대가로 지불해야 했다. 그리스의 철학적 고전을 읽을 때도 역시 그러해야 한다. 그저 책을 몇 권 읽는 것 이상으로 나아가야 한다. 우리의 배움은 우리 삶을 바꾸기 위한 것이고, 이 세상에서 오롯이 우리의 길을 가기 위한 것이다.

3. 중세 가톨릭의 '수련'

중세 유럽은 이른바 기독교왕국christendom = christianity + kingdom이다. 물론 기독교, 더 정확하게 말하면 서방 교회가 중세 유럽을 지탱하고 있었기 때문이다. 이를테면 교황이 황제의 서임권敍任權을 쥐고 있었고, 또한 마을의 중심에 예배당이 있었다. 무엇보다도 중세 기독교의 문명은 수도원이 보존해 왔다. 중세의 수도원은 중세 유럽의 심장이며 두뇌였다고 해도 무방할 것이다. 중세의 학문과 영성은 가톨릭 수도원에서 전수되어 왔기 때문이다. 수도원은 중세적 영성의 근원이며, 또한 근대적 대학의 근간이다.

거룩한 독서

당연히 중세 가톨릭의 공부법은 중세 수도원에서 볼 수 있다. 수도원에서 추구하는 공부 방법은 렉티오 디비나*Lectio Divina*이다.* 렉티오 디비나는 "누르시아의 성 베네딕투스가 정한 수도원 규율의 기본이다. 베네딕투스파 수도승들은 매일 최소한 두 시간씩 경전들과 교부들의 글을 연구했다."** 다시 말하면, 수도회를 구성하는 구성원들은 기본적으로 렉티오 디비나를 통해 성서와 여러 경전을 읽어야 했다는 뜻이다.

라틴어 표현인 렉티오 디비나는, 문자 그대로 옮긴다면, 신성한 독서 Divine Reading이다. 렉티오는 reading, 디비나는 sacred의 의미다. 따라서 아무 책에나 가져다 써먹을 수 있는 방법이 아니다. 렉티오 디비나는 경전에 대한 '거룩한/신성한 독서the Sacred Reading of Scripture'를 가리킨다. 다시 말하면, 독서 대상과 독서 방법에 있어서도 다른 독서와 구별된다. 간단하게 정리하면, 심오한 책을 심오하게 읽는 것이 렉티오 디비나이다.

렉티오 디비나는 머리와 가슴을 아우르는 복합적인 독법이다. 정신적 이해와 정서적 공감을 하나로 수렴하는 이 독법은 그대로 앎과 삶을 하나로 묶는 시도이기도 하다. 도대체 이것이 뜻하는 바는 무엇인가? 바로 위대한 텍스트들을 존재의 중심, 곧 마음으로 읽는다는 것이다. 마음은 지성과 감정과 의지가 어우러지는 장이다. 따라서 렉티오 디비나는 자신의 존재와 근원의 존재에 합치되는 방식으로 읽는 것을 뜻한

● 렉티오 디비나의 기본적인 교재이자 대표적인 고전으로는 이냐시오 데 로욜라의 《영신수련》을 들 수 있다. 가장 명료하게 정리해 준 자료로는 카렌 암스트롱의 《성서 이펙트》(세종서적, 2013), 149–179쪽을 들 수 있다.
●● 카렌 암스트롱, 《성서 이펙트》(세종서적, 2013), 151쪽.

공부란 무엇인가 |

다. 이에 대해 환속 수녀이자 대표적인 종교학자인 카렌 암스트롱Karen Armstrong은 다음과 같이 지적했다.

형식적이거나 조직적인 것은 아무것도 없었다. 한 번에 성서의 몇 장을 모두 읽어야 하는 것도 아니었다. 그것은 성서의 한 부분을 평화롭고 여유 있게 음미하는 방식이었다. 수도승은 자신의 마음에 평화로운 자리를 찾는 연습을 통해 신의 말씀을 경청할 수 있게 되었다. 성서 이야기는 역사적 사건으로서 연구하는 대상이 아니라, 동시대의 현상으로서 경험되는 사건이었다. […] 이들은 순서대로 네 감각에 따라 그 장면을 상상했는데, 이는 축자적인 의미에서부터 신과 신비한 합일을 이루는 영적인 의미까지의 단계를 밟는 것이었다.[•]

이러한 독법에 일정한 엘리트주의의 혐의를 걸 수 있겠다. 그런 면이 전혀 없다고 부인하기는 어렵다. 일단 무엇보다도 중세 기독교왕국을 살아가는 이들, 즉 평민과 평신도들은 대부분 글을 읽지 못했다. 심지어 왕들도 대부분 문맹자였으니 더 말해 무엇 하겠는가. 그런 상황에서 라틴어로 번역된 성서를 직접 읽을 수 있는 것은 성직자들뿐이었다. 더욱이 수도사들은 대체로 체계적인 수련의 기회를 제공받았다. 그러니 그들의 렉티오 디비나 수행에서 엘리트주의의 냄새가 난다고 비판해도 반박하기는 어렵다.

• 앞의 책, 151-152쪽.

하나, 중세에는 평신도들을 위한 나름의 렉티오 디비나가 존재했다. 사실 그들을 위한 방법이 없었다면, 중세의 영성이 온전히 유지될 수 없었을 것이다. 이를테면 중세의 대표적 신비가인 마이스터 에크하르트 Meister Eckhart는 오히려 구도자들의 모임에서 강력한 영감을 얻었다는 것을 상기할 필요가 있다. 애초에 영성이라고 하는 것이 일부 종교적 엘리트 계층의 주도로 형성되었다고 생각하면 곤란하다. 한 시대의 영성은 시대정신과 마찬가지로 엘리트와 대중의 협업으로 구성된다. 다음은 평신도의 렉티오 디비나에 대한 암스트롱의 설명이다.

11세기가 되자 유럽은 암흑기에서 빠져나오고 있었다. 파리 근처 클뤼니의 베데딕투스파 수도사들은 일반인들을 대상으로 개혁을 시작했다. 그들의 그리스도교에 대한 지식은 턱없이 낮은 수준이었다. 교육을 받지 않은 일반인들은 성서를 읽을 수 없었지만 예수의 삶을 상징적으로 재현하는 정교한 알레고리로서 미사를 경험하도록 배웠다. 예배의식의 첫 부분에 낭독하는 성서 구절은 예수의 선교를 회상시켰다. 빵과 포도주를 드리는 의식을 통해 예수의 희생적 죽음을 묵상했고, 영성적 의식을 통해 신도들의 삶 가운데 예수의 부활을 나타냈다. 그러나 평신도들은 신비감이 더해진 라틴어로 진행되는 의식을 이해할 수는 없었다. 사제는 대부분의 미사를 동일한 음조로 진행했는데, 침묵과 거룩한 언어가 있는 이 의식은 신도들을 별도의 공간으로 인도하여 복음서를 영적인 힘을 지닌 신비로 경험할 수 있게 했다. 미사는 신도들로 하여금 적극적으로 복음서 이야기로 들어가게 하는 평신도의 렉티오 디비나였다. 클뤼니파 수도승들Cluniacs은 평신도에게 예수와 성인들에게 관계된 지역을 순례하도록 독려했다. 많은 사람들은 예루살렘으로 긴 여행을 할 여유가 없었지만, 몇몇 사도들은 유럽을 여행했고, 그곳에 묻혔다. 베드로는 로마에, 아리마대의 요셉은 글래스톤베리에, 야고보는 스페인 콤포스텔라에 묻혔다. 순례자들은 여행을 통해 수도승처럼 사는 그리스도교의 가치를 배웠다. 그들은 세속을 뒤로하고 여행 동안 금욕적인 생활을 유지하면서, 다른 순례자들과 공동체를 이루었다. 싸움이나 무기 소지는 금지되었다.●

그러니까 평신도들이 수행하는 렉티오 디비나는 두 가지 방식이라고 할 수 있다. 하나는 미사(제의)이고, 다른 하나는 여행(순례)이다. 이들은 모두 본질상 보이는 말씀이다. 그들은 보이는 말씀을 가지고 자신들의 삶에 연결하고자 고투하였다. 반면 수도사들의 렉티오 디비나는 언어를 중심으로 작동하는 들리는 말씀과 읽히는 말씀을 가지고 씨름하는 것이다. 여기서 주목해야 하는 것은, 성직자와 평신도 모두 일정한 방식으로 말씀에 대한 거룩한 독서를 수행하고, 이를 통해 영성을 추구한다는 사실이다.

우리는 여기에 한 가지를 더해야 할 것이다. 바로 이콘, 즉 성상聖像

● 앞의 책, 153-154쪽.

이다. 860년에 열린 공의회에서는 "복음이 우리에게 말씀으로 말하고 있는 바에 대하여, 성상들은 색깔로 그것을 분명히 나타내 주며 또한 그것을 우리에게 현재가 되도록 만들어 준다"고 언명했다. 또한 서방 교회에서는 영성 함양의 수단으로 사용하지는 않았지만 종교 교육의 수단으로 활용하였다. 하여 약 600년경, 그레고리 교황은 이렇게 썼다. "성서가 문자를 아는 독자를 위해 있다면, 형상[이콘]은 교육받지 못한 사람들을 위해 있는 것이다."*

렉티오 디비나의 네 요소

다시 말하면, 렉티오 디비나는 머리로 수행하는 것이 아니라 몸으로 수행하는 것이다. 다시 말하면, 몸으로 부딪치고 몸으로 감각하며 배우는 것이다. 이것은 엘리트의 수행 방식과도 대동소이하다. 정상적인 렉티오 디비나는 렉티오*lectio*, 메디타티오*meditatio*, 오라티오*oratio*, 콘템플라티오*contemplatio* 등 네 가지 요소로 구성되어 있다. 간단하게 말하면 렉티오는 독서, 메디타티오는 명상瞑想, 오라티오는 기도, 콘템플라티오는 관상觀想 혹은 관조觀照이다.** 잘 보면 지적 이해가 아니라 영적 체험에 초점이 맞추어져 있다.

• 이상, 한스 베버, 《성서, 나를 읽는 책》(예영커뮤니케이션, 2006), 121-122쪽.
•• 여기에서의 관상/관조는 아리스토텔레스의 테오리아와 무관하지 않다. 지복직관 또한 마찬가지다. 서구 지성사를 살펴보면, 기독교 영성과 그리스 철학의 관계는 매우 긴밀하게 짜여 있다는 사실이 확연하게 드러난다.

중세 가톨릭의 영성 신학과 영성 수련의 핵심에 해당하는 렉티오, 메디타티오, 오라티오, 콘템플라티오는 통상 네 층의 단계로 이해된다. 하나 이는 단순하기 그지없는 발상이다. 실은 선형적으로 연속되는 단계가 아니라 나선형으로 중첩되는 항목들로 이해하는 것이 더 적합할 것이다. 영적 안목에서 보면 순서는 얼마든지 뒤바뀔 수 있고, 또한 언제든지 앞뒤로 계속 다시 반복될 수 있다. 실제로 렉티오 디비나가 구현되는 과정 안에서 본다면, 모든 항목이 다양하게 교차 배열되고 서로 뒤섞이며 진행되기 마련이다.

여하간 렉티오는 읽는 것이다. 그러나 거룩한 독서로서의 읽기는 저자와의 고독한 대화라기보다는 공동체가 담지한 위대한 전통에 대한 경청에 가깝다. 거룩한 독서에서 읽는 것은 무엇보다도 듣는 것이다. 위대한 개인이 아니라 위대한 역사를 전제한 공동체의 전통에 귀를 기울이는 것이다. 꼿꼿이 서서 읽는 것이 아니라 무릎 꿇고 듣는 것이다. 그러므로 설혹 혼자 읽더라도 그 본질은 함께함에 있다. 함께 읽는 것이며, 실은 함께 듣는 것이다. 이렇게 본다면, 많은 이들의 독서는 결코 경청이 아니다. 머리에서 가슴까지 내려오지 않는다.

메디타티오는 깊이 생각하는 것이다. 거룩한 텍스트에 대해 진지하게 묵상하는 것이 바로 메디타티오이다. 이것은 곧 거룩한 텍스트의 이면으로 들어가는 것이다. 문자 자체에 매이지 않고, 텍스트의 그 경이로운 세계 속으로 걸어 들어가는 것이다. 위대한 가르침을 구성하는 문자들, 즉 손가락을 넘어 위대한 가르침 자체, 즉 달을 바라보는 것이다. 문자적인 의미에 대한 머리의 이해보다는 문자적인 의미를 넘어서는 이면의 경험에 대한 가슴의 공감을 가리킨다. 달리 말하면, 교리보다 그 교리가 지시하는 체험을 바라보는 것이다.

렉티오를 통해 머리가 움직이고, 메디타티오를 통해 가슴이 반응한다. 머리에서 가슴으로 내려와서 우리가 스스로를 돌아보게 된다. 오라티오는 이러한 경험에 기반하여 기도하는 것이다. 신 앞에서 우리 자아에 둘러쳤던 방어막을 헐고 '있는 모습 그대로' 나아가는 것이다. 즉 기도를 통해 온전히 나 자신이 되는 것이다. 내가 신에게 나아가는 오라티오와 달리, 콘템플라티오는 신이 나에게로 오시는 것이다. 물론 관상 또는 관조로 번역되지만, 이는 신의 임재 가운데 이루어지는 것이다. 곧 무한(영원)의 시선으로 유한(시간)의 세계를 조망하는 것이다.

명상에서 관상으로

중요한 것은 이것이 모두 자아의 변혁을 위해 작용하는 매개라는 점이다. 여기서 네 가지 항목에 대해 일일이 세밀하게 다루기는 어렵고, 더욱이 이 논의에서 반드시 필요한 것도 아니다. 중요한 것은 이것이 앞서 지적한 바와 같이 거룩한 텍스트를 다루는 독법이라는 것이다. 텍스트를 읽고, 텍스트를 명상하고, 텍스트로 기도하고, 텍스트로 말미암아 관조에 이르는 것이다. 이와 관련하여 무엇보다도 명상과 관상, 즉 메디타티오와 콘템플라티오의 차이를 이해해야 할 것이다.

관조가 최상의 정신상태라는 생각은 서구철학만큼이나 오래되었다. 우리가 우리 자신과 나누는 무언의 대화(플라톤), 즉 사유활동은 정신mind의 눈을 뜨게 하는 데에만 기여하며, 아리스토텔레스의 이성nous은 진리를 인식하고 주시하기 위한 기관이다. 달리 표현하면, 사유는, 관조를 목표로 하면서 그것으로 끝나는데, 관조는 적극적인 활동activity이 아니라 소극적으로 따르는 수동적 상태passivity이다. 관조는 정신활동이 쉽게 되는 곳이다. 철학이 신학의 시녀였던 기독교시대의 전통에 따르면, 사유thinking는 성찰meditaton로 바뀌었으며, 성찰은 다시 일종의 축복된 영혼상태인 관조contemplation로 끝났다.•

한나 아렌트Hannah Arendt가 정리한 바와 같이 사유가 명상에 이르고, 명상이 다시 관조에 이른다. 명상이 능동적인 활동이라면, 관조는 수동적인 상태이다.•• 가톨릭의 전망에 의하면, 명상은 인간의 노력에

• 한나 아렌트, 《정신의 삶 1: 사유》(푸른숲, 2004), 21쪽.
•• 이렇게 명상과 관조를 대비하는 도식 자체는 오래된 것으로, 아렌트는 12세기의 신학자 휴(Hugh of St. Victor)를 인용하고 있다. 이 도식을 생생하게 묘사한 중세의 작가로는 아빌라의 테레사를 들 수 있다. 테레사는 로마 가톨릭의 신비가이자 개혁자로, 그녀의 작품들은 스페인의 황금기였던 16세기 르네상스 문학사에서도 중요한 위치를 차지하고 있다. 《영혼의 성》(바오로딸, 1970)에서 테레사는 성(城, 영혼)의 중심으로 들어가는 앞의 궁방(宮房)들을 통해 능동적인 명상 기도를, 뒤의 궁방들을 통해 수용적인 관상 기도를 그려내고 있다. 상상력이 풍부한 이 놀라운 신비가의 걸작을 현대적으로 소개한 저작으로는 존 웰치, 《영혼의 순례자들》(한국기독교연구소, 2000)를 들 수 있다. 이 책은 원제가 *Spiritual Pilgrims : Carl Jung and Teresa of Avila*로서, 아빌라의 "데레사가 성을 통과하면서 걸어갔던 여정의 심리학적 여정을

해당하고, 관조는 신의 은총에 해당한다. 하여 전자를 수덕신학으로, 후자를 신비신학으로 규정한다. 여기서 이를 언급하는 것은, 관조가 하나의 상태 변화를 가리키기 때문이다. 상태 변화란 곧 내적 인격과 외적 태도의 변화를 의미한다. 독서에서 시작하여 삶으로 완성되는 것이다. 이것이 중세 가톨릭에서 주장하는 거룩한 독서의 귀결이다.

한편 관조의 개념은 중세 가톨릭 세계 안에서 고대 그리스의 정신(헬레니즘)과 고대 이스라엘의 영혼(헤브라이즘)이 뒤섞이게 되었다는 좋은 증거다. 기독교 영성으로서의 관조 개념에서 우리는 아리스토텔레스의 이론theoria을 발견하게 된다. 이는 동아시아의 선불교 안에서 인도의 불교와 중국의 도교를 함께 보게 되는 것과 비슷하다. 《아가페와 에로스Agape and Eros》(크리스찬다이제스트)를 통해 서구 지성사를 조망한 바 있는 스웨덴의 신학자 안더스 니그렌Anders Nygren에 따르면, 서구의 지성사는 헬레니즘과 헤브라이즘의 두 모티브가 교차 진행되는 역사다.

기독교 교부 중 하나인 터툴리아누스는 예루살렘과 아테네가 무슨 상관이 있냐며 일갈한 바 있다. 하지만 실상 현실에 들어와서 보면 얼마든지 공존하고 있다는 것을 느끼게 된다. 아우구스티누스가 플로티누스를 매개하여 플라톤을 수용하였고, 아퀴나스는 아랍을 경유하여 아

연구하"여 "인간이 어떻게 성장하는지" 살펴보는 저작이다(13쪽). 그녀의 생애에 관심이 있다면 다음을 참고하라. 요셉 글린, 《영원한 신비가》(가톨릭출판사, 2006).

공부란 무엇인가

리스토텔레스를 전유하기에 이르렀다.* 그리스와 이스라엘, 두 문화권의 공부법 또한 뒤섞여 있다고 해도 이상한 일이 아니다. 양자 모두 존재의 변혁을 추구하는 공부법을 제시하기 때문이다. 그리고 렉티오 디비나 안에서 우리는 이를 발견하게 되는 것이다.

렉티오 디비나와 욕망의 변혁

렉티오 디비나를 통한 상태(존재)의 변혁은 현실적으로 보면 욕망의 변혁으로 드러난다. 중세 가톨릭이 추구한 것은 욕망의 절제다. 이것은 명확하게 돈, 섹스, 권력의 절제를 가리킨다. 물론 이 세 가지 자체는 악한 것이 아니다(심지어 필요악조차도 아니다!). 우리의 존재를 지속하기 위해 당연히 필요한 것이며, 근본적으로는 선한 것이다. 하나, 문제는 그것에 대한 집착이 에고의 팽창과 타자의 지배로 나아간다는 점이다. 그러므로 그에 대한 절제는 일종의 영성이다. 사제의 3대 서원, 즉 청빈, 순결, 복종의 서약은 이를 반영하는 것이다.

돈과 성性과 힘에 대한 절제의 필요는 오늘날에도 유효하다. 아니, 우리 시대에 오히려 더 절실히 필요하다고 봐야 한다. 신자유주의로 말미암아 사회의 안전망이 무너졌기에 자기 유지를 향한 욕망이 훨씬 강력해진 것이다. 생존에 대한 욕망이 상대적으로 강한 보수적인 유형

● 앞서 말했듯이 그는 아리스토텔레스의 관조에 상응하는 지복직관에 대해 《이교도 논박 대전》 3권에서 다루었다. 그에 따르면, "이성적 피조물은 신을 이해하고 명상하는 데서 자신의 성취를 이룬다." 앤터니 케니, 《아퀴나스》(시공사, 2000), 29쪽.

에게서 이런 욕망에 대한 집착이 유달리 강하게 엿보인다. 그들은 자신의 존재론적 동일성을 유지하기 위해 타자의 구조적 배제를 추구한다(욕망의 대상으로서의 돈, 섹스, 권력은 그러한 구조적 배제의 과정에서 매개로 작용한다).

그런 사람들에게서 우리가 발견하는 것은, 전두엽의 이지나 측두엽의 공감보다 후두엽의 공포라고 할 수 있다. 이를테면 특정한 지역이나 특정한 인종, 특정한 사조에 대한 그들의 극렬한 분노 이면에는 공포가 자리하고 있다. 그들에게서 볼 수 있는 것은 진리의 빛과 은총의 열기가 아니라 무지의 어둠과 저주의 열기일 뿐이다. 개인적으로 말하면, 전두엽을 통해 정상적으로 사고하는 인간이나 측두엽을 통해 공감하는 포유류보다 오히려 파충류에 근접한 그들의 반응 양태를 보면 솔직히 무섭다.

렉티오 디비나와 종교개혁

중세 가톨릭은 시간이 지날수록 쇠락해 갔다. 성당을 크고 화려하게 짓기 위해 평신도들로부터 헌금을 긁어모았다. 특히 사후死後에 연옥에서 받는 극심한 형벌을 면제 혹은 감소시켜 주겠다는 명복으로 면벌부免罰符를 판매하여 막대한 수입을 올렸다.* 마치 우리 시대의 '개독교'를 보는 것 같지 않은가? 재정적으로 풍요해질수록 정신적으로 피폐해졌다.

● 흔히 면죄부(免罪符)라 잘못 알려져 있는데, 여기에서 사면 대상은 죄가 아니라 벌이다.

공부란 무엇인가

이는 조선 유학이 역시 시간이 지날수록 부패해 갔던 것과 크게 다를 바가 없다. 조선 후기에 이른바 실학파가 들고일어났듯이 근대의 여명기에 일단의 무리들이 종교개혁을 주창한 것이다.

종교개혁의 시작은 무엇보다 렉티오 디비나의 회복에서 기인한다고 해도 과언이 아니다. 마르틴 루터가 로마서를 원어로 직접 읽으면서 새롭게 복음의 기치를 높이 들었다. 이는 한편으로 르네상스, 즉 교양 혁명으로 인해 그리스어를 직접 읽게 된 것과 구텐베르크의 인쇄 혁명으로 유럽에 성서를 포함한 인쇄물이 널리 보급된 것과 연결된다. 말하자면, 종교개혁은 정신 혁명(그리스 문화 재생으로서의 르네상스)의 씨앗과 매체 혁명(구텐베르크의 인쇄 기술)의 토양이 만나 피워낸 꽃이다.

한데 종교개혁은, 그 시작에서 본다면, (로마서로 대표되는) 성서를 바로 읽자는 독서 혁명에 다름 아니다.* 영혼의 고뇌 속에서 루터는 성서를 집요하게 읽어 나갔다. 이에 대해 사사키 아타루는 다음과 같이 표현한다. "루터는 이상할 정도로 - '이상해질 정도'로 - 철저하게 성서를 읽고 또 읽었습니다."** 95개조 반박문은 그 소중한 결실이었다. 심지어 루터는 보편어인 라틴어가 아닌 민족어인 독일어로 성서를 번역하기에 이른다. 그 번역 성서가 소 한 마리 값이었는데도 날개 돋친 듯이 팔렸다고 한다.

---

* 사사키 아타루, 《잘라라, 기도하는 그 손을》(자음과모음, 2012), 2장 "루터, 문학자이기에 혁명가"를 보라.
** 앞의 책, 78쪽.

그는 영감 넘치는 성서 해석자였기에 카리스마적인 종교 혁명가가 된 셈이다. 그는 렉티오 디비나와 메디타티오와 오라티오에 더해 텐타티오*tentatio*를 제시했다. "*Oratio, meditatio, tentatio faciunt Theologum.*" 사사키 아타루는 이를 다음과 같이 간단하게 말한다. "루터가 말했습니다. 읽는다는 것은 무엇인가. '기도이고 명상이고 시련이다.'"● 정확한 의미를 되새긴다면, 이렇게 표현해야 한다. "기도와 독서, 그리고 시련만이 신학자를 신학자로 만든다." 여기서 신학은 사변적 학문이기 이전에 실천적 지혜이다.

텐타티오는 시련, 특히 신앙적 시련을 뜻한다. 현실 세계에서 그러한 단련을 거쳐야 신을 깊이 알게 된다(그러니까 루터에게 신학은, 동아시아의 유학이 그러하듯이, 이론과 실천을 아우르는 개념이다). 또한 이렇게 시련을 거칠 때에야 제대로 성서를 읽었다고 말할 수 있다. 그럴 때에야 성서를 통해 신을 만날 수 있게 된다는 뜻이다. 누구보다 열심히 성서를 읽었다고 말할 수 있는 그가 하는 말이기에 이는 예사로운 이야기로 흘려들어서는 안 된다. 사실 현실에서의 단련은 영성으로 귀결되는 것이다.

여하간 마르틴 루터가 중세의 개독교에 제동을 걸 수 있었던 것은 렉티오 디비나를 바르게 시행했기 때문이다. 곧, 성서를 바르게 읽었기 때문이다. 성서를 바르게 읽기 위해 기도하고, 명상하고, 시련을 감내했기 때문이다. 결과적으로 본다면, 이는 어디까지나 중세 가톨릭이 추구하

● 앞의 책, 80쪽.

공부란 무엇인가

던 참된 공부법을 루터가 되살린 것에 불과하다. 참된 영성가(신비가)야말로 참된 신학자(이론가)이며, 참된 독서가야말로 참된 혁명가이다. 바른 독서가 바른 영성을 인도하며, 바른 영성이 바른 독서를 가능하게 한다. 그것이 렉티오 디비나가 주는 교훈이다.

개독교가 유행하는 지금 누가 진정한 기독교인인지 물어 볼 필요가 있다. 최근 보수적인 진영의 교회는 예수를 믿는 신자信者를 예수를 따르는 제자弟子로 새롭게 이해하기 시작했다.* 신자와 제자는 의미론적으로 다른 맥락 위에 있다. 전자가 앎을 중시한다면, 후자는 삶을 중시한다. 전자는 믿음으로 구원을 증여받지만, 후자는 순종으로 구원을 증명한다. 그럼에도 양자가 동일한 실체를 지시하고 있다는 점에는 의문의 여지가 없다. 그리스도로 말미암아 신과 새로운 관계를 맺게 된, 즉 신의 자녀로 다시 태어난重生, rebirth 이들이다.

이들을 가리키는 '신자'라는 용어에서 '제자'라는 용어로의 이동은, 정통을 지시하는 개념의 변화와 궤를 같이 하고 있다. 기독교 안에서 이단異端, heresy과 구별되는 정통正統을 가리키는 기존의 용어는 오소독시orthodoxy이다. 이것은 길을 가리키는 오르소스orthos와 의견을 가리키는 독사doxa의 합성어이다. 오르소스의 (사람들이 일반적으로 이동하는

● 이른바 주재권 구원론(Lordship Salvation)이라는 기괴한 명칭으로 불린다. 이 입장에 따르면, 예수는 신도들의 구주(구원자)이며 동시에 신도들의 주님이다. 따라서 주님 예수에 대한 순종은 구주 예수에 의한 구원과 분리될 수 없다는 것이다. 개독교의 한없이 얄팍한 구원론보다는 이런 하드코어한 구원론에 더 마음이 간다.

경로로 사용하는) 길이라는 의미에서 올바르다는 뜻이 나온다. 곧 올바른 견해(정통 교리)에 기독교가 추구하는 정통의 초점이 맞춰져 있다는 것을 어렵지 않게 이해할 수 있을 것이다.

그런데 이제 상황이 달라졌다. 남미 해방신학이 등장한 이후에 정통은 논리(지식)의 문제가 아니라 윤리(생활)의 문제라는 인식이 싹텄다. 그 초점이 교리적으로 옳은지 그른지를 따지는 것에서 윤리적으로 선한지 악한지를 따지는 것으로 이동하게 된 것이다. 사회 참여를 독려하는 맥락에서 오소독시보다 오소프락시스*orthopraxis*로 정통의 개념을 새로이 정립하게 되었다. 오소프락시스는 올바르다는 의미의 오르소스와 실천을 의미하는 프락시스*praxis*로 구성된 합성어이다. 이제 실천이 정통과 이단의 여부를 가름하는 준거점이 된 것이다.

최근에는 단지 외면적 행위의 올바름을 판단하는 것으로 부족하다는 측면에서 내면의 정념까지 포괄하는 새로운 개념으로 오소파토스*orthopathos*를 내세우기도 한다. 여기서 파토스*pathos*는 정념이나 열정, 충동을 가리키는 것으로 이성이나 언어 등을 가리키는 로고스*logos*와 대척점에 자리하는 개념이다. 바른 정념으로 움직이는 것이야말로 바른 정통이라는 뜻이다. 지성적 매개를 거치는 교리적 판단이나 의지적 결단을 요청하는 윤리적 실행과 달리 직접적이고 무無매개적인 정통의 발현을 강조하는 셈이다.

오소독시가 머리에 들어찬 교리의 정확성과 연결된다면, 오소프락시스는 몸으로 행하는 실천의 윤리성과 연결된다. 전자가 진위를 따진다면, 후자는 선악을 따진다. 오소파토스는 어떠한가? 이것은 미추美醜를 논한다고 봐야 할 것이다. 그렇다면 진선미의 구도가 그대로 오소독시에서 오소파토스에 이르는 추이를 반영하는 셈이다. 계몽의 수호성자 칸트는 《순수이성비판》과 《실천이성비판》 사이에 가교를 놓기 위해 《판단력비판》을 구상하였다. 진을 추구하는 순수이성과 선을 추구하는 실천이성 사이에 판단력이 자리한다.

공부도 이러한 맥락에서 재고해 봐야 한다. 기독교의 정체성이 변화함에 따라 공부의 의미와 그 실천도 변해 갔다. 바른 교리를 모색하는 오소독시에 비추어 살펴본다면, 지식 습득으로서의 공부가 중요할 수밖에 없다. 반면 바른 실천을 추구하는 오소프락시스에 비추어 돌아본다면, (특히 사회적인) 윤리 실천으로서의 공부가 중요해질 것이다. 그러나 바른 열정을 지향하는 오소파토스에 비추어 생각한다면, 마음 변혁으로서의 공부를 우선하게 될 것이다. 이는 단지 기독교의 정통에만 한정된 논의가 아니라, 모든 종교와 철학에 적용할 수 있다.

진	교리	지성	순수이성	오소독시
선	윤리	의지	실천이성	오소프락시스
미	열정	감정	판단력	오소파토스

오소파토스는 교리(지식)와 규범(윤리)을 넘어서 가장 원초적인 느낌으로 드러나는 존재를 강조하는 것이다. 이 존재의 변혁이 바로 근대 복음주의 기독교에서 강조하는 회심回心, change of mind으로 이어진다. 회심은 원래 그리스어 '메타노이아μετάνοια'를 번역한 것이다. 이를 분철하면, 메타를 뒤after나 넘어서beyond라는 의미로 옮길 수 있고, 노이를 생각thought이나 마음mind으로 옮길 수 있다. 문자 그대로 뜻을 풀어 새긴다면, 마음(의 방향)을 돌이키는 것이라고 할 수 있다.

그런데 일반적으로 기독교계는 이를 '회개悔改'로 번역해 왔다. 회개는 과거의 서사에 대한 윤리적 성찰을 함의한다. 과거의 삶 전반을 통상 윤리적 죄의 견지에서 해석하는 것이다. 당연히 회개 이후의 삶은 무엇보다도 윤리적 개선으로 특징될 수밖에 없다. 하나, 이는 통상 특정한 기준에 대한 강조로 모습을 드러낸다. 이를테면 금주금초禁酒禁草나 주일성수主日聖守가 그 좋은 사례이다. 즉, 술과 담배를 멀리하고 일요일에는 예배당으로 가는 것을 회개한 삶의 표지로 삼고, 이를 윤리적이고 신앙적인 성취의 표지로 삼는 것이다.

반면 '회심'은 좀 더 근본적이고 존재론적인 것이다. 무엇보다 마음은 존재의 중심이다. 따라서 회심, 즉 메타노이아는 존재론적 지향점의 전

환을 강조한다는 것을 주목해야 한다. 그러므로 과거를 죄로 규정하더라도 그것은 윤리적인 것이 아니라 존재론적인 것이다. 죄의 본질은, 종교개혁의 시조인 마르틴 루터에 따르면, 바로 자기에게로 구부러지는 것이다. 다시 말하면, 존재 자체가 자기로부터 신에게로 돌이키는 것이 바로 회심이다. 메타노이아를 상이한 단어로 번역하는 것은 실상 각이 る異한 효과를 유발한다.

예수의 제자로서 기독교인

기독교인의 정체성 변화(신자에서 제자로)는 정통의 의미론적 초점 변화와 더불어 '메타노이아'의 번역 수정(회개에서 회심으로)과 궤를 같이 한다. 이 맥락에서 20세기 복음주의 최고의 지도자로 불리는 존 스토트John Stott가 마지막으로 내놓은 《제자도》(IVP)를 주목할 필요가 있다. 이 책의 원제는 "급진적 제자도The Radical Disciple"인데, 여기서 말하는 '급진적'이라는 형용사는 '근본적'이라는 뜻도 지니고 있다.* 급진적 제자도는 근본적 제자도이다. 곧 제자다움을 회복하기 위해서는 뿌리根源로 돌아가야 한다는 의미를 담고 있다.

● 이는 라틴어 원어 자체에 연원한 것이다. "'급진적인'에 해당하는 영어 단어 radical은 뿌리라는 뜻의 라틴어 '라딕스'(radix)에서 나왔다. 원래 이 단어는 19세기 정치가 윌리엄 코빗과 극단적인 진보 개혁적 입장을 견지한 이들을 부르는 정치용어였던 듯하다. 그런데 이로부터 이 단어는 근본적인 문제를 들추어내고 대의에 철저하게 헌신한 이들을 일반적으로 가리키게 되었다." 존 스토트, 《제자도》, 17쪽.

달라스 윌라드Dallas Willard는 이를 "주님의 생애의 전체적인 국면을 따라 그분이 사신 대로 살겠다는 지적인 단호한 결단"*으로 표현한다. 그런데 기독교 공동체의 근원은 성서, 특히 신약 텍스트이다. 결국 예수의 제자로서 살아가겠다는 것은 성서에서 제시하는 그의 삶과 가르침을 따라 살아가겠다는 결단에 다름 아니다. 그렇다면 기독교인 됨을 형성하는 가장 근본적인 방법론은 바로 존재의 변혁을 추구하는 성서의 독법, 즉 렉티오 디비나라고 할 수 있다.

● 달라스 윌라드, 《영성훈련》(은성, 1993), 16쪽. 그는 9쪽에서 기독교인들이 다음 사항에 주목할 것을 요청한다. "경건한 생활을 위해 적절한 훈련을 하지도 않고서 시험을 받을 때에 그리스도처럼 행동할 수 있기를 바라는 기독교인은 적당한 육체의 훈련이 없이 훌륭한 경기를 하기 바라는 야구 선수만큼이나 어리석은 사람이다."

2부

어떻게 공부할 것인가

4. 독서에 토대한 암송

암송暗誦, recitation이란 무엇인가? 한자 그대로 외운 것을 입으로 소리 내어 외는 것이다. 외우지 않으면 욀 수가 없다는 것은 두말할 나위도 없다. 당연한 말이지만, 암기暗記는 독송讀誦의 전제이다. 그러나 독송은 암기 이상으로 중요하다. 그러니까 공부의 핵심은 암기가 아니라 독송에 있다. 고독한 내면세계에서의 사유보다 물리적 외면세계에서의 발화를 중시한다. 다소 기이한 말이지만, 뉴런 사이를 연결하는 시냅스에 흐르는 전기 신호보다 공간 사이의 매질(공기 입자)을 타고 흐르는 음파가 더 중요한 셈이다.

진리를 봄과 진리를 들음

미리 말하자면, 글을 읽는 눈보다 글을 듣는 귀가 더 중요하다. 이를 다르게 설명해 보려 한다. 그게 뭐가 됐든, 진리라고 하는 것이 있다고 가

정해 보자. 진리를 받아들일 때 주도적으로 필요한 기관器官은 무엇일까? 눈과 귀다. 진리는 눈으로 보는 것이지만, 귀로 듣는 것이기도 하다. 진리를 볼 때는 주도적 태도가 전제되고, 진리를 들을 때는 수용적 태도가 내포된다. 두 다리로 우뚝 서서 진리를 통찰하는 것과 무릎을 꿇고 진리를 청종聽從하는 것은 결코 동일하지 않다.

고대에는 단연 진리를 귀로 듣는 것을 추구했다. 자아는 진리의 근원에 복속되기 때문이다. 이를테면 기독교 공동체의 경전 가운데 하나인 요한복음 14장 6절을 보라. 예수가 자신을 가리켜 "나는 길이요 진리요 생명"이라고 말하지 않는가. 따라서 기독교 공동체로서는 예수가 진리이기에 그의 말씀을 듣고 따라야 한다. 요한복음 5장 24절은 다음과 같이 기록되어 있다. "내가 진정으로 진정으로 너희에게 말한다. 내 말을 듣고 또 나를 보내신 분을 믿는 사람은 영원한 생명을 가지고 있고, 심판을 받지 않는다. 그는 죽음에서 생명으로 옮겨갔다."

근대의 그림자에 서 있는 우리 현대인들이 이른바 양서를 펼쳐 들고 묵독할 때의 자세는 그 양서(의 저자)와 대등한 대결을 펼치는 것이다. 독자와 저자가, 독자의 사유와 저자의 주장이 대화(를 가장한 결투)를 통해 승패를 가르는 것이다. 독자는 저자의 주장에 철저하게 설복되기도 하며, 저자의 주장을 강력하게 논파論破하기도 한다. 하지만 대개는 독자의 지성을 수렴점으로 하여 저자와 그의 주장을 비판적으로 수용한다고 봐야 할 것이다. 어느 정도는 수용하고 어느 정도는 배척하되, 그 기준은 독자의 지성이다.

여기서 중요한 것은 진리를 대하는 태도를 설명하는 동사가 '본다'라는 점이다. 저서에 인쇄된 문자들을 볼 때, 그 보는 것에서 더 나아가 저자의 정신을 읽는다. 더 궁극적으로 나아간다면 우주에 대한 하나의 해석 혹은 재구성을 보는 것이다. 신약성서의 주요 저자인 사도使徒 바울은 인간의 지성을 "마음의 눈"으로 묘사한다.[*] 이 맥락에서 볼 때, 매우 흥미로운 은유다. 우리가 아는 일반적 독서 방식, 즉 묵독은 마음의 눈으로 저서와 저자와 우주를 보는 것이라고 말할 수 있다.

다시 말하면, 보는 것이 아는 것이다. 그런데 시선은 권력을 함의한다. 보는 자가 보이는 자보다 우위에 서는 것이다. 즉, 시선의 비대칭성에서 권력이 발생한다. 시각적 주체가 권력의 주체인 셈이다. 조지 오웰의 《1984》가 이를 잘 보여 준다. 주인공이 살고 있는 전체주의 사회인 오세아니아에서는 텔레스크린Telescreen을 통해 모든 시민들이 감시당하고 있다. 빅브라더Big Brother의 권력은 바로 이 텔레스크린을 통한 총체적 감시로부터 나오는 것이라 해도 과언이 아닐 게다.

하나 이러한 시선의 비대칭에서 발생하는 권력에 대해 가장 잘 보여 주는 것은, 제러미 벤담Jeremy Bentham이 감시 시스템으로 구상한 원형 감옥이자 감시 체계인 파놉티콘Panopticon이다.[**] 파놉티콘은 가운데 놓

* "여러분의 마음의 눈을 밝혀 주셔서 […] 여러분이 알게 되기를 바랍니다"(에베소서 1장 18–19절).
** 제러미 벤담의 원래 구상을 확인하고 싶은 독자는 《파놉티콘》(책세상, 2007)을

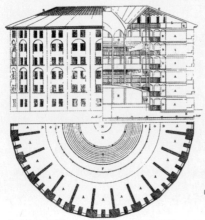

벤담의 파놉티콘 도면

인 원형의 감시탑과 이를 둘러싼 수용소로 구성된 건물이다. 감시탑에 머무는 감시자들은 수용소의 각 방에 있는 수용자들을 한눈에 감시할 수 있지만, 수용자들은 감시자의 현존 여부를 확인할 수 없다. 그러므로 감시자가 있든 없든 수용자들에게는 동일한 효과를 유발한다. 다시 말하지만, 시선은 권력인 것이다.

벤담의 사상은 이른바 공리주의功利主義라는 개념으로 설명된다. 이를 드러내는 전형적인 표현이 "최대 다수의 최대 행복"이다. 파놉티콘은

보라. 파놉티콘의 목적과 건축, 관리 방식에 대해 압축적으로 서술하고 있다. 이의 함의에 대해 세밀하게 규명한 자료로는 미셸 푸코의 《감시와 처벌》(나남, 2003)을 들 수 있다(289-329쪽). 또한 이를 현대적으로 적용한 감시 사회에 대한 비판적 저술로는 다음을 보라. 홍성욱, 《파놉티콘: 정보사회 정보감옥》(책세상, 2002).

공부란 무엇인가

이러한 공리주의를 위한 장치의 하나다. 간단하게 말하자면, 다수의 행복을 위해 소수의 배제가 필요하다는 뜻이다. 벤담의 공리주의적 세계에서의 행복이 작동하는 방식은, 약자나 소수자의 권리를 회복하는 데 있는 것이 아니라 오히려 그들의 권리를 억압하는 데 있다. 우리는 이러한 양태를 이성애자의 동성애자 억압이나 보수측의 진보측 공격, 정규직의 비정규직 차별 등을 통해 확인할 수 있다.

우리 시대의 국가권력 또한 앞서 지적한 시선으로 구현되게 마련이다. CCTV가 그 좋은 사례일 것이다. 이를 통해 우리의 일상이 국가의 시선에 포착된다. 이런 상황에서 지식은 곧 권력이다.* 우리에 대한 합법적이거나 불법적인 정보의 축적은 곧 우리에 대한 정보의 권력이 된다. 기업과 국가 등이 우리의 정보를 가능한 한 많이 수집하는 데는 그만한 이유가 있는 것이다. 여하간 우리의 안전을 위해 설치된 장치가 오히려 우리의 자유를 억압하고 있다(더욱이 CCTV의 확대가 범죄의 감소에 기여한다는 증거도 찾기 어렵다).

이는 곧 우리의 권력도 우리의 시선에 연동된다는 뜻이다. 우리가 지식-권력을 획득하기 위해서는 일단 독서가 필요하다. 우리 시대에 독서

● 이에 대한 가장 표준적인 저작으로는 미셸 푸코의 《감시와 처벌》을 들 수 있다. 푸코의 저작 가운데 가장 평이하게 읽히지만, 그럼에도 만만하게 다뤄서는 안 되는 작품이다. 무엇보다 벤담의 《파놉티콘》과 홍성욱의 《파놉티콘》 사이에서 근대의 지식-권력에 대한 이해의 지평을 열어 주는 문제작이다. 푸코의 《담론의 질서》도 같이 참고하면 좋을 것이다. 다만, 문제가 건조하고 추상도가 매우 높은 탓에 독서가 괴로울 수 있다.

는 다른 무엇보다도 묵독이다. 이미 말했듯이 중세와 근대를 가르는 기준의 하나가 독서의 방식이다. 근대 이후로 독서는 책의 저자와 고독한 대화를 나누는 것이 되었다. 고전적 독서 방식은 소리 내어 읽는 음독으로 우리의 청각에 연계된다. 음독하고 이에 기초하여 암송할 때에 우리는 전통이 담지하는 공동체와 함께하는 것이다. 고미숙의 말과 같이 "암기가 개별적 활동이라면 암송은 집합적으로 이루어진다."●

그러므로 지식의 축적과 내면의 독서(묵독)는 궤를 같이 한다. 여기에 근대적 주체의 등장이 이면에 자리하는 것은 두말할 것도 없다. 개인의 내면 공간의 형성은 무엇보다도 묵독을 통해 이루어진다. 묵독, 즉 내면적 독서는 사실상 근대적 주체 형성의 가장 기본적인 방식인 것이다. 이러한 개별적 독서를 통해 새로운 역사를 연 대표적인 인물이 바로 종교개혁의 창시자인 마르틴 루터다. 그의 개별적 독서로 인한 작은 사건(95개조 반박문)은 중세와 근대를 가로지르는 하나의 핵심 계기가 된다.

묵독과 음독

고대와 중세를 주도하는 음독은 이와 아주 다른 효과를 유발한다. 앞에서도 말했듯이 진리를 듣는 것은 주체의 복속과 순종을 촉구한다. 이러한 주체의 형성에는 음독이 매우 큰 영향을 미친다. 경전의 낭송朗誦과

●고미숙, 《공부의 달인, 호모 쿵푸스》(그린비, 2007), 91쪽.

독송讀誦을 듣는 것만으로도 깨달음을 얻을 수가 있다. 여기서 중요한 것은 소리가 매개가 된다는 것이다. 입으로 말하는 것을 귀로 듣는다. 남이 읽는 것을 듣는 것도 포함되지만, 여기서 특히 중요하게 다루고자 하는 것은 내가 읽는 것을 내가 듣는 것이다. 이번 장에서 다루고자 하는 암송은 이 음독에 연동된다.

다시 말하지만, 고대와 중세에 독서의 기본 방식은 묵독默讀, silent reading이 아니라 음독音讀, oral reading이었다. 안중근 의사가 "하루라도 책을 읽지 않으면 입안에 가시가 돋힌다—日不讀書 口中生荊棘"고 한 말이 바로 그것이다. 입과 혀를 사용하여 매일 꾸준히 글을 읽기 때문에 입 안에 가시가 돋을 일이 없는 것이다. 아우구스티누스 시대에 묵독은 심지어 개인기의 일종이었다. 그의 스승이었던 암브로시우스 주교가 소리 내지 않고 눈으로 글을 읽는 것은 하나의 구경거리가 되었다.

원래는 강의 역시 책을 소리 내어 읽는 데서 시작된다. "'강의'는 본래 원고(책)를 '읽는' 일이었다. 선생이 책을 소리 내어 천천히 읽다가 어려운 대목이 나오면 청자(학생)에게 설명하기 위해 잠시 멈추곤 했다. 그런 과정이 바뀌어서 읽기가 지식을 얻는 데 가장 중요한 방법이 되었"다.●

이렇듯 고대에 있어서 위대한 가르침은 소리를 통해 전달되는 것이

● 윌리엄 암스트롱, 《단단한 공부: 내 삶의 기초를 다지는 인문학 공부법》(유유, 2012), 33-34쪽.

었다. 학생은 스승을 따라 낭랑하게 소리를 내어 읽어야 했고, 모름지기 선비의 방에서는 글 읽는 소리가 밖으로 들려야 했다.

그러니까 고대 사회에 있어서 책은 기억을 위한 보조 수단에 불과했다. 근대에 이르러 책이 널리 보급되면서 관계가 역전된 것이다. 묵독은 훨씬 빨리 읽힌다. 따라서 더 많은 정보량을 처리할 수 있다. 일반인이 사법고시를 음독의 방식으로 준비할 수 있을까? 한 번 듣거나 읽고서 모든 내용을 암기할 수 있는 사진기 같은 기억력의 소유자라면 모를까 현실적으로는 불가능에 가깝다. 처리해야 할 정보량이 날로 폭증하는 현대 사회에서는 기본적으로 묵독을 배제할 수가 없다(우리는 지금 일반적인 학습 방법을 논하는 것이 아니다).

독서, 암송의 전제

암송의 전제는 독서다. 그러므로 이제 독서에 대해 살펴보기로 하자. 우리는 지금 계속 공부에 대해 살펴보고 있다. 이 맥락에서 공부의 가장 근본적인 토대가 바로 독서라는 사실을 명확히 강조해야겠다. 독서가 없으면 다른 모든 공부가 그 토대를 잃고 허물어질 것이다. 한데 지금의 문제는 지금 우리의 공부는 독서와 분리되어 있다는 데 있다. 물론 이것은 의문의 여지없이 지식 축적을 공부의 핵심으로 이해하기 때문이다. 이에 대해 나와 동일한 문제의식을 지닌 고미숙의 말을 인용해 본다.

공부란 무엇인가

[학생들이 논술을 준비하기 위해 '논술에 대한 책', '논술을 위한 책', '논술용 다이제스트' 따위를 읽는다면] 논술을 열심히 하면 할수록 독서를 멀리하게 되는 어처구니 없는 역설이 일어난다. 이렇게 된 가장 근원적인 요인은 학교에서 공부와 독서를 분리시켜왔기 때문이다. 학교식 공부법은 독서는 그저 개인적 취미나 교양의 영역이고, 공부는 그것과 달리 구체적이고 실용적 지식을 배우는 것이라는 이분법을 유포시켜왔다.[*]

학교가 퍼뜨린 가장 질 나쁜 거짓말은 공부로부터 독서를 분리시켰다는 사실에 있다. "책 보지 말고 공부해!"라는 상투어가 잘 말해 주듯, 학교에서 독서는 공부가 아니다. 공교육에서 독서는 오직 논술을 위한 보조수단이고, 대안교육에선 취미활동이다. 대학에선? 아예 관심 밖이다.[**]

고미숙의 지적은 매우 타당하다. 공부와 독서가 분리된 것은 한국 학교(교육)와 학생들의 비극일 뿐만 아니라 한국 사회 문화와 시민들의 비극이기도 하다. 이제라도 공부와 독서가 다시 합일되어야 한다. 공부는 무엇보다도 독서에서부터 시작되어야 한다. 독서는 공부의 시작이며, 공부의 핵심이다. 독서 없는 공부는 더 이상 공부라 할 수가 없다. 그러나 아무것이나 읽는다고 되는 것은 아니다. 바른 공부를 위해서는 얼마

---

[*] 고미숙, 《공부의 달인, 호모 쿵푸스》(그린비, 2007), 55쪽.
[**] 앞의 책, 104쪽.

나 읽는지보다 무엇을 읽는지가 중요하다. 많은 책을 방대하게 섭렵하기보다 범위를 좁혀 잡아 좋은 책을 정밀하게 읽어야 한다.

독서의 일차 대상, 고전

공부를 위해서는 단연 위대한 고전을 골라잡아야 한다. 가장 읽을 만한 책들이란, 역시 오랜 시간에 걸쳐 살아남은 책들이다. 그런데 이렇게 말해 놓고 나니 왠지 허무하게 들린다. 남들과 다를 바가 무엇인가 싶기도 하다. 아니나 다를까. 벌써 이런 관점에 대한 비판적 견해들이 존재한다. 이를테면 강창래는 《책의 정신》(알마, 2013)에서 시대의 지배구조와 타협하며 살아남은 고전들에 대해 말한다. 특히 그는 공자와 소크라테스에 대해 비판의 칼을 겨눈다. 그들의 계급주의와 이데올로기에 대한 지적은 대체로 타당하다.

이와 관련하여 우리가 기억해야 하는 것은, 모든 고전은 특정한 시공간의 맥락 속에서 나온 것이라는 사실이다. 독일의 프랑크푸르트학파 2세대인 하버마스의 비판적 해석학에 비추어 보면, 플라톤이 민주주의를 혐오하고 철인 통치를 제시했던 데서 그의 계급적 기반을 읽어 낼 수 있다. 하나, 그것을 우리 시대의 기준을 가져와서 비판하는 것은 실로 불공정한 게임이다. 또한 소크라테스는 그리스 문명권을 쌓아올린 주춧돌이며, 소크라테스가 주인공으로 등장하는 플라톤의 〈대화편〉을 2천여 년에 걸친 서구의 해석사解釋史가 겹겹이 둘러싸고 있다.

분명하게 말하지만, 고전과 고대인들의 윤리적 오류와 문화적 한계에 대해 부인할 이유가 없다.* 오히려 그것을 제대로 인정할 때에야 고전들의 진정한 가치를 경험할 수 있다(그 때문에라도 고전을 제대로 공부할 필요가 있다). 살아남은 것만이 최고의 저작이라고 말하는 것이 아니다. 하지만 살아남은 것은 적어도 그만한 가치가 있다. 더욱이 방금 지적했듯이 해석의 역사로 그 고전을 떠받치고 있기에 고전의 가치는 갈수록 증대한다. 따라서 우리는 고전을 좀 더 합당히 대우할 필요가 있다.

고전 선택의 기준

물론 고전이라는 이유만으로 아무것이나 골라서는 안 된다. 잘못하면 고전苦戰하기 십상이다. 그러므로 자신에게 유효적절한 고전을 선별해야 한다. 이를 위해서는 무엇보다 두 가지를 염두에 두어야 한다. 첫째, 나 자신에게 와 닿는 책을 선택하라. 핵심은 내가 그 책을 읽고자 하는 마음이 생겨야 한다는 것이다. 가오를 잡고자 하는 얄팍한 동기라도 좋다. 남들을 의식하는 것도 썩 나쁘지는 않다. 하나 최소한 내가 그 책을 읽고 싶은 매력이 있어야 한다. 남들이 좋다고 해서 그냥 고른다면, 겨우 생긴 열정이 금방 사그라질 것이다.

둘째, 자신에게 조금 높은 허들hurdle을 제공하는 고전을 택하는 편

• 고전에 대한 기존의 전망은 이미 페미니즘과 포스트식민주의 연구자들이 철저하게 해부했다. 우리가 조금만 노력한다면, 그들의 안내를 받아 고전에 대한 우리의 시야를 더욱 확대하고, 좀 더 낫게 교정할 수 있을 것이다.

이 좋다. 난이도가 지나친 책은 멀리하라. 많은 고전들이 의외로 어렵지 않게 읽힌다. 이를테면 《법구경》이나 신약성서의 사복음서, 공자의 《논어》, 노자의 《도덕경》, 플라톤의 《향연》, 에라스무스의 《우신예찬》, 데카르트의 《방법서설》, 칸트의 《도덕형이상학원론》 등은, 약간만 노력해도 기본적인 논지와 본문 대부분을 읽어 내려갈 수 있다. 제대로 읽기 위해서는 더 많은 품이 들겠지만, 우리가 고전의 주석가로 살거나 고전 도착증에 걸리지 않는 한 우선은 그 정도로 충분하다.

고전에 대한 우리의 예의

나와 궁합이 맞는 좋은 고전을 잘 고른 다음에는 잘 읽어야 한다. 정독을 해야 하고, 또한 낭독을 해야 한다. 물론 이 둘을 나눌 필요는 없다. 요는 일단 집어든 책을 갈아 마시겠다는 심정으로 탐독하라는 것이다. 머리로 바짝 이해하는 것은 비교적 쉬운 일이겠지만, 가슴으로 깊이 깨우치는 것은 대단히 어려운 일이기 때문이다. 《금강경金剛經》의 제목이 뜻하는 것처럼, 위대한 고전은 우리의 얄팍한 마음을 바닥부터 뒤흔들어 놓을 수 있다. 우리의 협소한 세계를 송두리째 무너뜨릴 수가 있다. 그러나 이를 위해 먼저 우리의 마음을 바로 세워야 한다.

고전 앞에 설 때는 합당한 예의를 갖추어야 한다. 고전을 읽을 때는 드라마 〈시크릿 가든〉의 남주 주원(현빈 분)의 대사처럼, 스스로에게 되물어야 한다. "이게 최선입니까? 확실해요?" 처음 장에서 잠깐 언급했던 성리학 사상가인 주자에 따르면, 책을 읽을 때는 최대한 집중해야 한다.

"글을 볼 때는 모름지기 정신을 바짝 차리고 보아야 한다. 정신을 똑바로 차리고 몸을 똑바로 세우되, 너무 피곤하게 만들 필요는 없지만 마치 칼이 등뒤에 있는 것처럼 해야 한다."* 왜 그런가? 독서(를 통한 공부)가 죽느냐 사느냐 하는 문제이기 때문이다.

독서는 생존의 문제이기에 전투적 태도를 요청한다. "모름지기 한 번 때렸으면 한 줄기 흔적이 남아야 하고, 한 번 쳤으면 한 움큼 피가 묻어나야 한다. 남의 글을 볼 때에도 마땅히 이와 같이 해야 하니, 어찌 글을 소홀히 볼 수 있겠는가?"** 고전과 독자의 전투인 셈이다. 주자의 전투적 메타포가 마음에 들지는 않는다. 내가 보기에는 대화나 우정, 혹은 연애와 같은 관계적 메타포가 더 적당하다. 이는 마음의 여유와 느리게 읽기에 대한 그의 강조와 엇갈리는 데가 있다. 하지만 절박함을 강조하려 하는 주자의 의도는 충분히 수긍할 수 있다.

일단 독서에 임하게 되거든 "도리와 자신의 마음이 서로 수긍되게 해야 한다. 독서는 자신의 도리를 투철하게 하나로 받아들이려는 행위이다."** 책의 로고스(의미)와 독자의 로고스(정신)가 상응할 수 있도록 마음을 열어야 한다. 이렇게 하고자 한다면, 책을 펼칠 때 여유를 가지고 천천히 읽어야 한다. "독서할 때 마음을 느긋하게 먹으면, 도리는 저절로 나타난다. 만약 근심하거나 서두르게 되면, 도리는 끝내 끌어낼 방법

- 송주복, 《주자서당은 어떻게 글을 배웠나》(송계, 1999), 54쪽.
- 앞의 책, 58쪽.
- 앞의 책, 32쪽.

이 없게 된다."* 절박하나 느긋하게 읽는다는 것은 말처럼 쉬운 일이 아니다. 하지만 방법 자체는 의외로 간단하다.

그것은 다름 아닌 반복이다. 반복적인 독서를 통해 여유와 긴장을 병립할 수 있다. "무릇 사람이 열 번을 읽고도 이해되지 않으면 스무 번을 읽고, 다시 이해되지 않으면 서른 번을 읽고, 그렇게 쉰 번까지 이르면 모름지기 이해되는 순간이 있게 된다. […] 그런데 요즘 사람들은 열 번도 읽어보지 않고 이해할 수 없는 글이라고 말한다."** 물론 일반적인 저작을 이렇게 읽어야 할 필요는 없다. 어디까지나 그만한 가치가 있는 고전에 한정하여 반복하는 것이다. 특히 기독교인에게는 성서 66권 중에서 특정한 한 책을 반복하여 읽어 볼 것을 권한다.

낭독에서 암송으로

고대의 독서법은 단지 음독이 아니라 낭독이라고 해야 옳다(낭독은 음독의 하위 범주). 낭독은 텍스트의 리듬과 구조에 맞추어 소리 내서 읽는 것이다. 물론 개념 차이가 크게 중요한 것은 아니다. 요는 우리의 청각을 통해 위대한 고전의 가르침이 스며들어와 우리의 몸과 마음을 움직여야 한다는 것이다. 종교인들에게는 무엇보다 자신이 믿는 종교의 주요 고전 가운데 핵심 문단을 가능한 한 자주 낭독할 것을 권유하고 싶다. 전체

● 앞의 책, 66쪽.
●● 앞의 책, 102쪽.

공부란 무엇인가

를 통독하는 것 못지않게 특정한 중요 부분을 반복하여 낭독하는 것을 추천한다. 반복하여 말하지만, 내 귀로 들어야 한다.

위대한 고전의 본문을 읽는 나의 목소리가 내 귀에 들려오고 내 몸을 훑어 내려야 한다. 이것이 어느 정도 누적되면, 기존에 눈으로만 읽던 것과는 분명히 다른, 새로운 경험을 하게 될 것이다. 무엇보다 먼저 이것이 제공하는 통찰은 내가 혼자가 아니라는 사실이다. 거대한 전통의 질서와 그 공동체 안에 서 있는 자신을 발견하게 될 것이다. 이 독서법은 또한 요동하는 정념을 진정시켜 준다. 낭독은 우리를 그 텍스트 위에 똑바로 서 있을 수 있도록 지탱시켜 준다. 암송은 낭독에 뒤잇는다. 원래 반복된 낭독은 자연스럽게 암송으로 이어지는 것이다.

머리에서 가슴으로

암송의 핵심에 바로 반복이 있다. 많이 외우려고 하지 마시라. 일단 암송할 본문에 몰입하여 꾸준히 되풀이하며 암송하는 것이 좋다. 그러니까 가톨릭 영성가인 헨리 나우웬이 일러 주듯이 고전의 일부분을 "최대한 집중하여 천천히 반복하는 것"이 중요하다. 그는 기도생활의 진전을 위해 기도문 활용을 권하고 있다. 이를테면 "하나님께 영광"이나 "주여, 자비를 베푸소서"와 같은 짧은 기도문을 통한 향심기도*를 권유한

● 헨리 나우웬, 《두려움에서 사랑으로》(두란노서원, 2011), 56쪽. 역서에서는 이를 집중기도라고 소개하는데, 이는 centering prayer를 옮긴 것으로 실은 향심(向心) 기도라고 번역해야 한다.

다. 나우웬은 특히 널리 애송되는 성서 본문을 다음과 같이 활용할 것을 권한다.

시편 23편이나 바울이 고린도 교인들에게 보낸 사랑에 관한 말씀인 고린도 전서 13장을 암송하는 것도 좋다. 밤에 자려고 누울 때나 차를 운전할 때나 버스를 기다릴 때나 동네를 산책할 때, 그런 기도 중 하나를 천천히 마음에 되새길 수 있다. 반복되는 기도 내용을 나의 전 존재를 다하여 듣는 것이다.*

물론 나우웬의 이런 제안은 내면의 심화를 위한 고전의 독서에도 그대로 적용할 수 있다. 머리에서 가슴으로 내려가는 데 고전을 반복하여 암송하는 것만큼 좋은 방법이 없다. 물론 이 방법은 기독교에만 국한되지 않는다. 다른 여러 종교와 철학 등의 고전에 대해서도 마찬가지다. 이것 역시 일차적으로는 자신의 영혼에 어울리는 텍스트를 선택하는 데에서부터 출발해야 한다. 암송은 명백히 그 전통과 대화하는 것이며, 전통을 호흡하는 것이기 때문이다. 그러므로 좋은 텍스트를 잘 고르는 것이 매우 중요하다.

한편, 이웃 종교와 다른 사상에도 귀를 열고 마음을 여는 것 또한 성장을 위한 하나의 길이다. 그렇게 암송의 범위를 넓혀 갈수록 내 영혼의

● 앞의 책, 56쪽.

경계를 확장해 나갈 수 있기 때문이다. 또한 이를 통해 나와 다른 철학과 종교를 가진 이들과 함께할 수 있다. 나아가 세상의 더 넓은 지평을 확인하게 되고, 인간의 더 깊은 심연을 통찰하게 될 것이다. 이것은 내 삶의 일차원적인 한계를 돌파하게 만들어 준다. 이를 위해 다른 종교와 철학의 가르침이 내 마음에 조금씩 가라앉도록 암송할 것을 거듭 권면하는 바이다.

이렇게 마음에 차곡차곡 쌓아 가고, 몸에 길을 낸 고전의 본문들은 내 영혼의 자양분이 된다. 헨리 나우웬의 인용문과 같이 잠들기 전에 나 기다릴 때나 혹은 산책하거나 운전할 때 입으로 나직이 읊조리는 것도 좋은 방법이다. 핵심은 반복하는 데 있다. 가랑비에 옷이 젖듯이 미세하나 끊임없이 반복하면 내 영혼을 새로이 만들어 갈 수 있다. 위대한 전통의 위대한 가르침으로 내 영혼을 채워 간다면, 충분히 가능한 일이다.

홀로 또 같이

마지막으로 하나만 더 언급하기로 한다. 여기서 말한 낭독과 암송을 혼자 할 수도 있고, 같이 할 수도 있다. 그러나 이 길을 오래 걸어가기 위해서는 가능한 한 같이 하는 것이 좋다. 물론 이것은 기질마다 상황마다 다르기에 일반화할 수는 없다. 하지만 원칙적으로 낭독과 암송은 공동체적 행위다. 실은 홀로 읽는다고 하더라도 그 텍스트가 담지하고 있는 전통의 역사적 공동체와 함께하는 것이나 다름없다. 따라서 가능하면 공동체로 함께 모여 읽는 것이 더 적절한 선택이라고 할 수 있다.

더욱이 이렇게 함께 모일 때 기대할 수 있는 유익 가운데 하나가 서로 이끌어 줄 수 있다는 것이다. 사실 고전의 낭독과 암송이 생각만큼 흥미진진하지는 않다. 이것은 어느 정도 자연스럽지 않은 부분이 있다. 다시 말하면, 조금은 억지로 해내야 하는 부분이 있다. 마치 어린 시절에 부모님이 우리에게 예의범절을 가르칠 때, 우리가 이해할 수는 없지만 억지로 배우듯이 말이다. 홀로 걸어가기에는 조금 어려운 길이다. 그러므로 서로를 돌아보며 함께 걸어갈 것을 특별히 권하는 것이다. 홀로 또 같이 간다면, 끝까지 완주할 수 있다.

공부란 무엇인가

5. 사유에 토대한 묵상

현대인은 누구나 글을 읽고, 생각을 한다. 그저 정도의 차이가 있을 뿐이다. 언어가 발명된 이래로 우리는 언어를 매개로 정보를 습득하고, 사유를 진행하게 되었다. 인쇄매체의 발명은 이를 가속화하였다. 물론 인간으로서 더욱 성장하려면, 그 정도를 확장해야 한다. 다독과 다상량多商量은 인간으로서 성장하기 위한 기본 조건이다. 그러나 핵심은 성장에 있고, 더욱 중요한 것은 생각이다. 읽고 듣는 것조차 생각하기 위한 자양분일 따름이다. 제대로 들어야 제대로 생각할 수 있다. 바르게 읽어야 바르게 생각할 수 있다.

생각하는 백성이라야 산다

우리나라의 위대한 스승인 함석헌 선생도 말씀하시지 않았던가. "생각하는 백성이라야 산다"고. 이는 《사상계思想界》 1957년 8월 호에 투고한 글의 제목이기도 하다. 부제가 "6.25 싸움이 주는 역사적 교훈"인 이 글을 빌미로 그는 국가보안법 위반의 명목으로 20일간 투옥당했다. 그런데 그는 이 글에서 한국의 근본적 어려움을 생각의 간난艱難, 즉 "철학의 간난, 종교의 간난"에서 찾았다. 두말할 것도 없이 철학과 종교는 인류의 위대한 문화를 가리킨다. 그가 보기에 한국 사회는 문화적으로 얄팍하다.

우리의 근본 결점은 위대한 종교 없는 데 있다. 우리나라의 백 가지 폐가 간난에 있다. 하지만 간난 중에서도 심한 간난은 생각의 간난이다. 철학의 간난, 종교의 간난 […] 그렇다면 우리의 역사적 숙제는 이 한 점에 맺힌다. 깊은 종교를 낳자는 것, 생각하는 민족이 되자는 것, 철학하는 백성이 되자는 것(이다).•

함석헌은 기독교인이었고, 이 글에도 기독교적 뉘앙스가 적지 않다. 하나, 기독교의 틀을 넘어 호방한 시야를 넓혀 간 그답게•• 이 글은 모

• 함석헌, 《생각하는 백성이라야 산다: 함석헌선집 3권》(한길사, 1996), 175-176쪽.
•• 《뜻으로 본 한국역사》에서 함석헌은 다음과 같이 말한다. "우리 역사는 고난의 역사라는 근본 생각은 변할 리가 없지만, 내게는 이제는 기독교가 유일의 참 종교도 아니요, 성경만 완전한 진리도 아니다. 모든 종교는 따지고 들어가면 결국 하나요, 역사철학은 성경에만 있는 것이 아니다. 나타나는 그 형식은 그 민족을 따라 그 시대를 따라 가지가지요, 그 밝히는 정도의 차이는 있으나, 그 알짬 되는 참에 있어서는 다름이 없다는 것이다. […] 나는 이제 기독교인만 생각하고 있을 수 없다. 그들이 불신자라는 사람도 꼭 같이 생각하지 않으면 안 된다. 내게는 이제 믿는 자만이 뽑혀 의롭다 함을 얻어 천국 혹은 극락세계에 가서 한편 캄캄한 지옥 속에서 영원한 고통을 받는, 보다 많은 중생을 굽어보면서 즐거워하는 그런 따위 종교에 흥미를 가지지 못한다. 나는 적어도 예수나 석가의 종교는 그런 것은 아니라고 생각한다."

공부란 무엇인가

든 한국인에게 통렬한 자극을 준다. "국민 전체가 회개를 해야 할 것이다. 예배당에서 울음으로 하는 회개 말고(그것은 연극이다) 밭에서, 광산에서, 쓴 물결 속에서, 부엌에서, 교실에서, 사무실에서 피와 땀으로 하는 회개여야 할 것이다."* 그러니까 달리 생각하면 이 회개는 울음으로 하는 회개가 아니라 생각에서 시작되어 행동으로 나아가는 회개라 해야 옳을 것이다.

함석헌 선생

● 함석헌, 《생각하는 백성이라야 산다 함석헌선집 3권》, 180쪽.

함석헌 선생이 그렇게 강조하던 것이 대중의 각성覺醒이다. 곧 한국인의 생각이 변혁되는 것이다. 달리 말하면, 깨달음에 이르도록 깊이 사색하는 것을 가리킨다. 6.25와 같은 역사적 사건의 숨은 뜻을 곰곰이 깊이 잘 '생각해 본다'는 것이다. 사실 함석헌에게 있어서 종교란 '뜻을 찾음'에 다름 아니다. "모든 일에는 뜻이 있다. 모든 일은 뜻이다. […] 뜻 품으면 사람, 뜻 없으면 사람 아니다. 뜻 깨달으면 얼靈, 못 깨달으면 흙. 전쟁을 치르고도 뜻도 모르면 개요 돼지다."* 그것은 후에 백성 혹은 민중 개념을 씨올 개념으로 다듬을 때에 더욱 구체화된다.

생각하는 씨올이라야 삽니다. 씨올은 생각하는 것입니다.

생각하면 씨올입니다. 생각 못하면 쭉정이입니다.

씨올의 올은 하늘에서 온 것입니다. 하늘의 한 얼입니다.

하늘에서 와서 우리 속에 있는 것이 올입니다.

생각하는 것이 올이요 올은 생각하는 것입니다.

올이 들어야 합니다. 생각을 자꾸 좁혀 넣어야 올이 듭니다.

올은 물질 속에 와 있는 정신입니다.

유한 속에 와 있는 무한입니다.

시간 속에 와 있는 영원입니다.

그렇기 때문에 올이 들면 삽니다. 반드시 삽니다.**

● 앞의 책, 168쪽.

공부란 무엇인가

생각하는 백성은 곧 씨올이다. "씨올은 생각하는 것"이고, "생각 못하면 쭉정이"다. 이 생각은 "유한 속에 와 있는 무한"이자 "시간 속에 와 있는 영원"이다. 앞서 말했듯이 여기서 말하는 생각은 깨달음에 이르도록 깊이 생각하는 것이다.《뜻으로 본 한국역사》에서는 이를 "깊은 사색"으로 표현한다. "현상 뒤에 실재를 붙잡으려고, 무상無常 밑에 영원을 찾으려고, 잡다雜多 사이에 하나인 뜻을 얻으려고 들이파는, 캄캄한 깊음의 혼돈을 타고 알을 품는 암탉처럼 들여다보"는 것이 바로 그가 말하는 깊은 사색이요 생각이다.

생각에서 묵상으로

이렇게 장황하게 함석헌 선생을 언급하는 이유는 공부의 한 방법으로서의 사유와 묵상을 잘 보여 주기 때문이다. 앞 장에서 언급한 독서가 암송으로 연결되는 것처럼, 사유는 묵상으로 연속된다. 독서가 암송으로 연장되어 결과적으로 나를 만들어 가듯이, 사유 또한 묵상으로 심화되어 나를 만들어 가야 한다. 암송을 통해 위대한 전통의 흐름 속에 나를 자리매김한다면, 묵상을 통해 의도하는 것은 (함석헌이 종교나 철학으로 표현하는) 위대한 가르침을 내 안에서 숙성시키는 것이다.

다시 말하지만, 우리는 생각해야 한다. 특정한 주제에 대해 계속 궁구窮究해야 한다. 그것 자체가 중요한 공부다. 그런데 그냥 주제에 대해

●● 함석헌, 《씨올에게 보내는 편지─함석헌선집 4권》(한길사, 1996), 60-61쪽.

사색하고 탐구하는 그 자체만으로는 불충분하다. 내가 생각하는 것이 내 안에 튼실하게 자리 잡도록 끝도 없이 공글려야 한다. 나의 마음을 넘어 나의 몸을 새로이 형성하는 데에 이르도록 공글려야 한다. 충실한 사유가 결과적으로 자신의 내면을 돌이켜 보고 새롭게 만들어 가게 하는 것이 바로 묵상이다. 주제에 대한 사유가 자신에 대한 성찰로 나아가는 것이 바로 묵상인 것이다.

아브라함 요수아 헤셸Abraham Joshua Heschel이라는 랍비가 있다. 마르틴 부버의 제자이며, 하시디즘의 위대한 연구자요 전승자이다. 오십이 다 되어서 나치의 박해를 피해 독일에서 미국으로 이주했고, 그 나이에 새롭게 영어를 공부해야 했다. 아마 영어권에서 활동한 랍비 가운데 가장 두드러진 인물이 바로 그일 것이다. 그는 마틴 루터 킹Martin Luther King Jr.과 함께 인종차별에 대해 투쟁하고, 틱낫한Thich Nhat Hanh과 함께 미국의 베트남 참전에 반대했다(그로 인해 그는 유대인의 공격에 직면해야 했다). 그는 결코 일개 연구자에 불과한 인물이 아니다.

헤셸의 전공은 이스라엘의 경전 가운데 예언서이며, 그 연구 성과를 《예언자들》이라는 두툼한 연구 저서를 통해 집약하였다. 의심의 여지없이 《예언자들》은 그의 대표작이다.* 그런데 언젠가 인터뷰를 통해서 그

---

* 아브라함 요수아 헤셸, 《예언자들》(삼인, 2004). 그는 여기서 강자의 불의와 약자의 고통에 대한 하나님의 파토스(pathos), 즉 정념(情念) 혹은 비분(悲憤)에 대한 사유를 제공한다(히브리 성서, 즉 구약성서 가운데서는 호세아와 예레미야가 하나님의 파토스를 강조한다). 이것은 헬레니즘에 기초한 정태적 신 개념의 한계를 넘어서는 강력한

는 자신에게 가장 영향을 미친 책이 바로 《예언자들》이라고 밝혔다. 물론 유머러스하게 말한 것이지만, 그것은 진실이다. 예언자를 연구하다가 그 자신이 바로 예언자가 되었다. 그는 자신의 연구가 자신의 인격과 삶을 변화시키기에 이르도록 충실하게 관철했다. 이런 것이 바로 진정한 묵상이다. 그리고 생각이다.

상념과 공상

물론 인간은 생각하는 동물이다. 따라서 특별히 정신이 고장 나지 않았다면, 누구나 특정한 주제에 대해 일정한 정도까지 생각을 할 수 있다. 그러나 생각은 쉬운 일이 아니다. 생각은 노동이며, 영혼의 운동이다. 당연히 자연스레 이루어지는 것이 아니라 진지하게 씨름해야만 하는 것이다. 하나, 실상을 보면 어떠한가? 대다수가 스스로 생각하지 않는다. 스스로 생각하지 않으면, 이 사회를 설계하는 이들의 생각을 답습하게 된다. 실은 스스로 생각한다고 믿겠지만, 대개 사회가 설정해 놓은 궤적 위에서 생각하고 있는 게 현실이다.

　이는 진보와 보수를 막론하고 마찬가지다. 이를테면 SNS의 세계를 살펴보라. 거기서 순환하고 있는 여러 어휘와 표현들은 명백하게 이를 증명하고 있다. 내 편과 네 편을 가르고, 우리 진영 안에서 이미 만들어

통찰이다. 그의 통찰은 이후 기독교 구약학자들에게도 상당한 영향을 미쳤다. 이를테면 버나드 앤더슨이나 월터 브루그만과 같은 복음주의적인 학자들이 좋은 예가 될 것이다.

놓은 어휘들과 논리들을 되뇌는 것이다. 진영 논리를 따라 논리를 구부리는 것이다. 논리가 아니라 정념에 따라 반응하는 것이다. 그런 의미에서 보면, SNS는 우애의 미디어인 동시에 정념의 미디어라 할 수 있다. 이를 통해 드러나는 인간상은 사유하는 인간이라기보다는 소비하는 인간이라고 해야 옳을 것이다.

여하간 우리 대다수는 생각하지 않거나, 진영의 논리를 답습할 뿐이다. 혹은 마냥 흘러가는 상념과 공상에 사로잡힐 따름이다. 이 두 가지는 모두 우리의 현실과 이상의 간격을 반영한다. 그 간격만큼 우리에게는 고뇌와 욕망이 넘실거린다. 상념은 우리의 고뇌를 반영한다. 그것은 생각이 아니다. 상념想念은 잡념이다. 단편적인 정신적 파편들이 난무하는 것이다. 현실과 이상의 간격이 크게 벌어진 탓이다. 이는 현실적 어려움으로 인해 갈라지는 산만散漫한 마음을 드러낸다. 반면 여기서 말하는 '생각'은 집중된 마음을 드러내며, 현실에 직면할 때에만 가능하다.

공상空想은 우리의 욕망을 반영하는 것이다. 공상은 허망한 것이다. 역시 현실과 이상의 간격이 크게 벌어진 탓이다. 이는 현실의 처지로 인해 현실로부터 이상으로 도피하는 마음의 성향이며, 그 내용이다. 이상과 현실의 간격이 멀어질수록 오히려 욕망이 폭증한다. 그 폭증한 욕망만큼 공상의 시간과 정도가 증가하게 마련이다. 쉽게 말하면, 경제적으로 어려울 때일수록 로또 복권의 구매 열기가 더해 가는 것과 같다. 로또 복권을 구매하는 행위는 헛된 공상을 향유하기 위한 저렴한 비용 지불인 셈이다. 혹은 정신적 자위라고 말할 수도 있겠다.

공부란 무엇인가

막상 스스로 자신의 생각을 관리해 보려고 하면 그렇게 마음대로 되지 않는다는 것을 금방 알게 될 것이다. 명상 시간에 아무 생각이라도 하고 싶은 대로 하라, 다만 원숭이에 대해서만 생각하지 말라던 어느 선사의 이야기를 기억하시는지. 막상 시도해 보면 대개 원숭이에 대한 생각에서 벗어날 수가 없다. 의외로 인간의 정신은 연약하다. 자신의 생각을 하는 것도 어렵고, 그 생각을 지속하는 것은 더욱 어렵다. 결국 생각의 정도는 훈련의 정도에 상응하기 때문이다. 이 훈련은 물론 공부의 다른 이름이다.

묵상은 집중적인 생각이다. 특정한 주제에 대한 집중적인 생각의 결과로 나 자신의 변화를 꾀하는 것이다. 그러므로 묵상은 본질적으로 나자신에 대한 성찰이다. 곧 묵상자의 내적 변화를 추구하는 것이다. 이를 위해 우리가 취할 수 있는 가장 현명한 방법 가운데 하나가 이제껏 계속 말한 바와 같이 위대한 고전을 통해 우리의 생각을 채우는 것이다. 물론 이는 어려운 일이다. 더욱이 그런 상태를 유지하는 것은 더욱 어려운 일이기에, 상당한 훈련을 요한다. 이를 위해 좀 더 구체적으로 살펴볼 필요가 있다.

묵상의 기본 주기

인간의 가장 중심적인 삶의 리듬은 일주일이다. 하루는 너무 짧고, 1년은 너무 길다. 이것은 우리의 모든 부분에 연결된다. 가정생활부터가 통상 일주일을 주기로 진행된다. 하여 가장이 주중 내내 격무에 시달리더라도 주말에는 가족을 위해 봉사해야 하지 않은가. 그것은 가정의 평화 유지와 장기 지속을 위한 필요조건이다. 우리의 몸은 어떠한가? 헬스클럽에서 운동하며 건강 관리를 하는 것도 일주일을 기본 주기로 하지 않나. 가정생활과 건강 관리에만 한정되는 것은 아니다.

마음 관리의 기본에 해당하는 독서 또한 일주일에 한 권이 기본이다. 한 주라는 리듬 안에서 새로운 정보와 그에 기반한 깊은 성찰이 한 주기를 이루며 진행되어야 한다. 물론 이것은 최소에 해당한다. 시험이나 전쟁과 같은 위급 상황이 아니라면 한 주에 적어도 두 권 정도는 읽어야 한다. 최소한 이 정도는 되어야 어디 가서 독서가라고 할 수 있지 않겠는가. 말이 나온 김에 짚고 넘어갈 것이 있다. 다른 분야의 고수와 마찬가지로 독서가가 되기 위해서도 다른 것을 일정 부분 포기해야 한다는 점이다. 독서 역시 그리 만만한 일이 아니다.

여하간 이 모든 것은 개인의 기질과 환경과 특정한 상황에 따라 얼마든지 달라질 수 있다. 기본적인 질서는 이러하다. 그런데 이런 맥락에서 우리의 영혼을 고려한다면 어떨까? 이제 영혼의 돌봄과 관련하여 묵상을 다루어 보자. 한 가지 주제를 일주일 정도 기간을 두고 우리의 마음에 배양하는 것은 어떨까? 우리의 마음에 받아들이고 숙성시키기 위한 주제는, 물론 현재 읽고 있는 고전의 특정한 본문으로 정하는 것이 가장 자연스럽다.

공부란 무엇인가

일단 나에게 친숙한 사례로 이야기를 열어 보자(이미 말했듯 나는 기독교인이다). 언제부터인가 기독교 진영에서는 QTQuiet Time라는 이름하에 인스턴트 묵상이 유행하기 시작했다. 대략 10여 절에 해당하는 적잖은 본문을 매일매일 바꿔 가며 묵상하는 것이다. 물론 아무것도 하지 않는 것보다는 그렇게라도 하는 것이 낫다. 하지만 보통 30분, 혹은 길어야 한 시간을 읽는 상황에서 무엇을 기대할 수 있을까? 그나마 내가 뉘우칠 항목, 내게 주어진 약속, 내가 깨달은 말씀, 내가 기도할 제목 등으로 제한한 범주 안에서 성서라는 이름의 고전이 압살당하기 쉽다.

성서 안에 있는 놀라운 세계는 이러한 간단한 도식으로 쉽게 붙잡히지 않는다. 오히려 잘못하여 정신적 소화불량을 일으키기 십상이다. 보다 적은 본문을 보다 오래 곱씹어야 한다. 내가 앞서 제안한 것처럼, 한 본문을 일주일 동안 묵상하는 것을 권하고 싶다. 만일 본문의 놀라운 빛에 이끌린다면, 그보다 더 오랜 기간 묵상할 수도 있다. 그것은 텍스트와 독자의 자유로운 만남의 향방에 달린 것이다. 여하간 기본적으로는 일주일 정도 길지 않은 본문을 우리 마음속에 담아서 그 본문이 우리 안에 둥지를 틀고 그 결실을 내도록 하는 것을 독려하는 바이다.

독일 고백교회의 지도자였던 디트리히 본회퍼Dietrich Bonhoeffer 목사도 함께 모여 성서를 읽을 때와는 달리, 홀로 성서를 읽을 때는 일주일 단위로 할 것을 제안했다. "우리는 함께 예배할 때에 긴 성경 구절을 계속해서 읽습니다. 그러나 명상의 시간에는 짧은 성구를 골라서 여기에

다 마음을 모으는 것입니다. 할 수 있으면, 한 주간 동안 바꾸지 않고, 집중하는 것입니다. 함께 성서를 읽어 가는 중에 성서의 넓이를 샅샅이 더듬게 된다면, 우리는 여기서 한 구절 한 구절, 한 마디 한 마디의 끝없는 깊이를 더듬게 됩니다. 이 둘은 다 필요한 것입니다."*

물론 지금 말하는 것은 성서에 국한된 것이 아니다. 모든 고전에 다 적용되는 것이다. 동시에 일주일을 기본 단위로 삼아 묵상한다고 해서 모든 고전 본문이 우리의 실존을 변혁할 것이라고 장담할 수도 없다. 우리의 실존적 변화를 인위적으로 강제할 수는 없지 않겠는가. 하지만 이렇게 일주일 단위로 묵상을 쌓아 간다면, 최소한 1년 이내에 그 성과를 볼 수 있다. 머리가 비약적으로 좋아진다거나 사회적으로 성공한다는 따위를 말하는 것이 아니다. 타인을 기준으로 삼던 욕망의 압력이 점차 누그러지리라는 것이다.

성서를 포함한 동서양의 위대한 고전은 우리의 실존을 변화시킬 위험한 텍스트다. 이를 제대로 느껴 보려면, 좀 더 진득하게 본문에 매달려야 한다. 현재 하는 방식의 경우 읽는 시간은 짧고, 읽을 양은 많다. 시간을 늘리고, 본문을 줄여야 한다. 결과적으로 그 텍스트에 더 오래, 더 자주 노출되어야 할 것이다. 오래 매달릴수록 우리의 실존을 전복할 위험성이 커지게 마련이다. 그러나 해볼 만하지 않은가. 부디 지금 유행하는 인스턴트 묵상에서 한 걸음 더 나아가시라.

● 디트리히 본회퍼, 《신도의 공동생활》(대한기독교서회, 2002), 104-105쪽.

묵상의 토대로 고전을 제안한 것은 어디까지나 하나의 예시에 불과하다. 묵상은 성찰refection이기도 하다. 즉 뒤로re 구부리는flectere 것이다. 중요한 것은 내 삶을 되돌아보는 것이고, 고전은 이를 위한 매개에 불과하다. 이를테면 일상에 대한 관찰도 좋은 발판이 될 수 있다. 우리가 살아가는 삶의 매순간은 시간과 영원의 교차점이다. 발터 벤야민Walter Benjamin이 《역사철학테제Geschichtsphilosophische Thesen》에서 미래에 대해 언급할 때 표현한 대로 "매초 매초가 언제라도 메시아가 들어올 수 있었던 조그만 문을 의미한다." 물론 이를 위해서는 우리의 눈을 한껏 치켜떠야 할 게다.

자연에 대한 관찰도 마찬가지다. 예수는 하늘을 나는 새와 들에 핀 꽃을 바라볼 것을 권유하시지 않았던가(마태복음 6장 26, 28절). 자연에서 하늘의 섭리를 읽어 내라는 뜻으로 하신 말씀이었다. 이를 위해서는 우리에게 여유가 필요하다. 새와 꽃도 돌보시는 신의 은총을 통해 내 삶을 헤아려 보기 위해서는 바삐 걸어가던 행보를 멈추거나, 적어도 속도를 늦추고 나의 내면과 보조를 맞춰야 한다. 즉 내 마음 안에 일정한 여백을 만들어 낼 수 있어야 그 안에 뭔가를 새롭게 채워 갈 수 있다.

"독서할 때 마음을 느긋하게 먹으면, 도리는 저절로 나타난다. 만약 근심하거나 서두르게 되면, 도리는 끝내 끌어낼 방법이 없게 된다." 앞에서 주자의 독서론에 대해 언급할 때 인용했던 문장이다. 한데 진지한 독서를 위한 그의 조언은 여기서도 그대로 유효하다. 우리가 일상 혹은 자연을 우리의 시각으로 점검하고 우리의 생각으로 분석하게 된 후에는, 이제 우리의 마음을 그 점검하고 분석하던 것에 뿌리 깊이 내려야한다. 그렇게 할 수 있도록 충분한 시간과 넉넉한 여유를 두어야 우리마음과 우리 삶에서 아름다운 열매를 맺을 수 있다.

묵상과 일기

묵상을 하는 방식에는 물론 여러 가지가 있다. 그러나 그중에 특별히 권할 만한 매력적인 방식으로 일기 쓰기가 있다. 자신의 객관적 일상을 꾸준히 기록하는 것을 넘어서 자신의 내면을 차분히 검토하기에 이르는 글쓰기를 지칭한다. 이런 영적 일기는 강력한 자아 성찰의 도구가 될 수 있다. 묵상이 본질적으로 나를 되돌아보는 것이라면, 일기만큼 유용한 도구도 달리 없을 것이다. 특히 일기를 주기적으로 작성하다 보면 내면에 억압되어 있던 무의식을 자연스레 만날 수 있다. 일기를 꾸준히 적어간다면, 의식 저변에서 무언가가 솟아오르게 마련이다.

　많은 영성가들이 일기를 통해 자신의 내면을 관리하고 깊은 묵상을 지탱해 나갔다. 이를테면 우울하기 그지없는 기독교인 키르케고르의 놀라운 사유의 비결이 바로 일기에 있다고 해도 과언이 아니다(안타깝게도, 키르케고르의 방대한 일지 Journal들은 아직 번역된 바가 없다). 20세기 후반 가톨릭 영성신학계의 슈퍼스타였던 헨리 나우웬은 중요한 결단을 내릴 때마다 오랜 기간에 걸쳐 일기를 쓰며 성찰하고 묵상했다.[*] 그의 멘토라고 할 수 있는 토마스 머튼이 출간한 영적 일기도 상당히 유용하다.[**]

물론 특정한 종교적 성향이 두드러진 영성적 성격의 일기만 거론할 이유는 없다. 오히려 김현과 같은 조신操身한 지식인의 독서 일기도 훌륭한 묵상의 수단임을 우리는 어렵지 않게 확인할 수 있다. 김현이 출간한 1986-1989년 사이의 독서 일지《행복한 책읽기》(문학과지성사)를 두고 하는 말이다. 보르헤스Jorge Luis Borges에게 책을 읽어 주면서 그에게 독서 지도를 받았다고 할 수 있는 알베르트 망구엘Alberto Manguel의《독서일기A Reading Diary》(생각의나무)는 특히 훌륭한 묵상의 기록이다. 그는 매달 한 권씩 문학 고전을 읽어 가며 1년 동안 일기를 썼다.

물론 이와 같이 꾸준히 일지를 작성하는 것은 쉬운 일이 아니다. 하지만 조금만 훈련한다면, 다른 것과 비교하기 어려울 만큼 좋은 묵상 수단이다. 일단 모든 일기는 최소한 한 명(자신) 이상의 독자를 상정하기 때문에 스스로에 대한 비판적 거리를 두게 된다. 물론 스스로를 메타적으로 성찰할 수 있다. 무엇보다 일기에 자신에 대한 성찰을 적어 가는 동안 자신의 마음에 깊이 새기게 된다. 그렇기 때문에 과거의 일기를 펼쳐 보면, 그 기억이 다시금 생생하게 현재로 호출되는 것이다. 문자 그대로 가장 강력한 묵상 방법 가운데 하나인 것이다.

또한 일기는 우리가 자신을 잘 이해하게 하는 한 방법이다. 또한 나아가 자신을 보다 잘 용납하게 하는 방법이기도 하다. 우리 자신을 더욱

● 《소명을 찾아서》(성요셉출판사, 1988), 《제네시 일기》(바오로딸, 1998), 《새벽으로 가는 길》(바오로딸, 1992), 《안식의 여정》(복있는사람, 2001) 등의 역본이 출간되어 있다.
●● 토머스 머튼, 《토머스 머튼의 영적 일기: 요나의 표징》(바오로딸, 2009).

사랑하기 위해서는 자신을 깊은 데서부터 이해해야 한다. 일기는 바로 그런 역할을 수행한다. 그런 의미에서 보면, 일기는 일종의 자기 상담이라고 할 수 있다. 따라서 독자들에게 용기를 내어 일기 쓰기에 발을 디뎌 볼 것을 권한다. 위에서 소개한 여러 좋은 일기들 가운데 하나를 골라서 찬찬히 읽어 보며 배운 다음에 한 걸음씩 따라가는 것도 괜찮은 방법이다.

6. 우정에 토대한 대화

중국의 구양수歐陽脩는 글을 잘 짓기 위한 세 가지의 조건으로 다문다독다상량多聞多讀多商量을 제시했다. 이것은 물론 공부를 잘 하기 위한 조건과도 다를 바가 없다. 다독이 독서와 암송을 가리킨다면, 다상량은 묵상을 말한다고 볼 수 있다. 그렇다면 다문은 대화에 해당할 게다. 좋은 책을 잘 읽고 그것을 내 귀로 들으며, 그에 대해 잘 생각하고 내 마음에 곰삭여야 하듯이 누군가와 대화를 주고받으면서 너와 나를 새롭게 만들어 가야 하는 것이다. 이것 역시 공부법의 하나이며, 또한 그 절정에 해당한다.

책을 읽는 가운데 공부가 시작된다는 것은 이미 언급한 바와 같다. 책을 읽고 소리 내어 암송하는 것은 공부법의 시작이다. 한데 고미숙은 다음과 같이 말하고 있다. 공부의 "노하우'는 책과 우정이다!"라고.* 그가 의도한 것은 아니겠지만, 나는 그 말을 이렇게 풀어 생각하고 있다.

공부의 '노하우'는 그 처음은 책(독서)이고, 그 끝은 우정(대화)이다. 이미 독서에 대해 살펴보았으니 여기서는 우정에 대해 살펴봐야 할 것이다.

공부로서의 대화를 논하기 전에 우선 생각해 볼 것은 대화의 토대로서의 우정이다. 일단 우정은 사랑의 하나이다. 자식을 향한 부모의 사랑, 이성을 향한 낭만적 사랑, 친구를 향한 우애적 사랑이 있는데, 그리스어로는 이를 순서대로 스토르게storge, 에로스eros, 필리아philia라고 부른다. 영국의 영문학자이자 《나니아 연대기》의 저자로 잘 알려진 C. S. 루이스에 따르면, 인간은 낭만적 사랑으로 인해 태어나고, 부모의 헌신으로 양육되며, 친구 간의 우정으로 완성된다. 모든 사랑은 인간을 만들어 간다. 그중 절정은 바로 우정이다.

우정의 비자연성

그런데 루이스는 우정의 비非자연적인 특질을 주목하고 있다. 성서적으로 표현하면, 인간은 생육하고 번성하면서 자신의 존재를 지속한다. 이를 진화생물학적으로 번역하면, 유전자의 확대재생산이 삶의 목적이다. 한데 우정이 없어도 인간은 생식할 수 있다. 우정은 잉여적인 것이다. 이것이 그가 우정의 '불필요한 성격'으로 말하는 바다. "개인이든 사회든 우정 없이도 얼마든지 생존할 수 있습니다."** 그는 이러한 맥락에

● 고미숙, 《공부의 달인, 호모 쿵푸스》(그린비, 2007), 76쪽.
●● C. S. 루이스 《네 가지 사랑》(홍성사, 2005), 114쪽.

서 협력과 우정을 구별한다. 직장 동료들이나 학교 친구들과 언제나 우정이 싹트는 것은 아니기 때문이다.

더욱이 협력이 우정으로 가기는커녕 파국으로 치닫기도 한다. 이를테면 학교 수업에서의 팀플은 잔혹한 팀킬로 이어질 수 있다. 2013년 6월에 두 번에 걸쳐 방영된 〈SNL코리아〉의 콩트, "조별과제 잔혹사"를 염두에 두고 말하는 것이다. 엠블랙 편과 아이비 편 모두 동일한 서사 구조를 지니고 있다. 조별 과제를 맡았건만, 조원들은 조장 한 사람에게 모든 것을 떠넘기고 비협조적으로 반응한다. 결국 상황은 파국으로 치닫게 된다. 당시 이 콩트가 수많은 대학생들의 폭풍공감을 얻었다는 것은 매우 시사적이다.

이렇게 협력조차 어려운데, 우정까지 샘솟는다는 것은 실로 기적이다. 우정은 우리를 인간으로 완성시킨다. 동물(자연)에서 인간(문화)으로 성숙하게 된다는 뜻이다. 자연nature에서 문화culture로의 전이는 자연을 거스르는 것이다. 그것은 지상의 중력을 극복하는 과정에 놓여 있다. 따라서 생물학적 본능으로부터 가장 독립적인 것이며, 문화의 가장 중심에 놓인 정념이다. 무엇보다도 고대 그리스에서는 우정이 내면적이며 영성적인 개념이다. 우정은 영혼의 교류였다. 이러한 통찰은 일면 치우친 관점으로 보인다. 아니, 실제로 편향된 것이다.

그럼에도 불구하고 우정이 우리의 육체보다 우리의 영혼에 관련된 것이라는 점에 대해서는 의문의 여지가 없다. 이성 간(혹자에 따라 동성 간)의 애정이 어느 정도 육체적 매력에 기인한다는 점을 고려하면 이해가 될 것이다. 물론 실제 연인 간의 사랑이 형성되는 계기가 반드시 육체적인 것만은 아니다. 그렇지만 이성을 소개받는 자리에서 우선하여 보는 것은 외모, 즉 얼굴과 몸매다. 제한된 시간 안에서 볼 수 있는 것은 영혼의 성숙이 아니라 육체적 조화다.

애정과 낭만적 매력

〈미녀들의 수다〉에 나온 한 방청객이 키 180센티미터가 안 되는 남자는 루저라고 한 발언은 징후적이다. 당시 남성들의 반응은, 가슴 사이즈가 B컵 이하인 여자는 루저라는 식이었다. 이를테면 어느 인터넷 게시판에 올라온 "이 글을 보는 순간 범죄자가 됩니다"라는 제목의 글을 보면, "키 163, 몸무게 48? 이게 여자냐? 여자 몸무게가 40을 넘는 건 범죄라구!"라는 말풍선이 들어간 만화의 한 장면이 소개되어 있다.[*] 사적으로 말하는 것으로 멈추었어야 할 말을 공론장에서 발화한 것에 따른, 예측 가능하나 피할 수 없는 파국적 상황이었다.

물론 공적인 장에서 특정 기준 아래로는 다 루저라고 재단한 것은 비난받아 마땅하다(내 신장이 180센티미터가 안 되기 때문에 분노하는 것이 아니라고는 말하지 못하겠다). 하지만 그런 기준을 내적으로 견지하며, 그에 따라 파트너를 선택하는 것은 개인의 자유다(물론 대개는 자신의 능력이 그에 따라주지 않는다). 따라서 외모를 보(고 평가하)는 것 자체는 문제가 되지 않

● http://www.naviga.co.kr/c_free/136652

는다. 물론 그 결과는 온전히 자신이 책임져야 한다. 진화심리학적 시각으로 본다면, 내 유전자를 확대재생산하기 위해서는 우수한 형질形質의 파트너를 기대하는 것이 당연하다.

일차적으로는 좌우대칭이 맞는 외모로 수렴된다. 이것은 충분한 영양을 공급받고, 아울러 기생충 등의 영향을 덜 받는 위생적인 환경에서 양육받아 왔음을 보여 준다. 좋은 자질을 지니고 있는 것이다. 또한 남성은 가슴이 크거나 허리가 잘록한 여성을 원한다. 이른바 코카콜라 병 몸매라고 하는 1:0.6의 비율에 눈이 가는 현상은 세계 전역에서 공통적이라고 한다. 2세의 출산과 양육에 유리한 몸매이기 때문이라는 것이다. 여하간 남성은 여성의 특정 신체 부위에 집착하기 마련이다. 이를테면 정치적으로 전혀 올바르지 않은, 다음과 같은 농담이 있다.

"어떤 남자가, 자신을 사랑하는 세 여자 중에서 누구를 결혼 상대로 선택할지 고민하고 있었다. 그는 세 사람에게 각각 5천 달러씩 건네주고, 그녀들이 그 돈을 어떻게 사용하는지 보기로 했다. […] 결국 남자는 세 사람 중에서 가슴이 가장 큰 여자를 아내로 삼았다."

이런 점에 있어서는 여성이라고 딱히 다르지 않은 듯하다. 키가 크고 근육이 튼실한 남성에게 눈이 가는 것도 이해된다.• 영화 〈토르 2〉를 보면, 지하철에 탄 토르에게 부딪힌 여성이 우연을 가장하여 그의 가슴을 만지고는 흐뭇하게 미소를 짓는 장면이 나온다. 웃음을 유발하기 위한

• 시대마다 미학적 기준이 달라진다. 이는 대중매체를 통해 쉽게 확인할 수 있다.

작은 장치에 불과하지만, 의미심장한 구석이 있다. 다시 말하지만, 훌륭한 2세를 얻어야 환경에 적응하여 생존할 가능성이 높아질 것이 아닌가. 결과적으로 내 자손을 통한 '생명 연장의 꿈'이 이루어질 확률이 높아진다는 뜻이다.

물론 이것이 낭만적인 애정의 절대적인 동력은 아니다. 이를테면 루 살로메는 외모로는 매력이 없었으나 지성으로 매력을 발산했다고 한다. 하여 프리드리히 니체, 라이너 마리아 릴케, 지그문트 프로이트 등 당대 지식인들이 그녀에게 매료되었다(애정이 아니라 애정에 무한히 근접한 우정일지라도*). 한편 지고한 인품으로 인해 끌리기도 한다. 우리 시대에는 이성의 재력이 그 모든 것을 대신하기도 한다(돈을 보고 결혼한다며 일면적으로 비판하는 것은 곤란하다). 그럼에도 외모가 유독 강력한 동인이라는 사실은 부인할 수 없다.

사람은 겉모습을 보지만

이런 현상이 비단 애정에 한정된 것은 아닐 것이다. 구약성서 중 하나인 사무엘상 16장 7절에 따르면, 하나님은 사무엘에게 다음과 같이 말씀하신다. "사람은 겉모습만을 따라 판단하지만, 나 주는 중심을 본다." 그

---

* 이성과의 우정이 가능한지에 대한 논쟁은 덧없는 것이다. 당연히 가능한 것인데, 이에 대해 회의적인 것은 자신 안에 자리한 성적 욕망의 무게가 크게 느껴지기 때문이다. 마치 술 먹고 개가 된 자신의 과거 이력 때문에 금주를 강조하는 이가 내가 마셔 봐서 안다고 말하는 것과 비슷한 이치다.

공부란 무엇인가

야말로 하나님의 돌직구가 아닌가. 사실 여기에는 신학적·정치적으로 특정한 맥락이 놓여 있다. 사무엘은 현역 왕인 사울을 버리기로 결정한 하나님이 이제 왕을 새로 택하였으니 그에게 기름을 부어 그를 왕으로 선언하라는 명령을 받았다.* 이 말씀은 그 명령을 수행하는 과정에서 나온 것이다.

베들레헴에 사는 이새의 아들들 가운데 하나라는 말씀을 들은 사무엘은 그곳으로 찾아간다. 이새가 데려온 아들들을 관찰한 그는, 이스라엘의 왕이 될 이로 내심 장남인 엘리압을 낙점했다. 그의 준수한 용모와 우월한 신장 때문이었을 것이다. 하지만 하나님은 그를 질책한다. 너(사무엘)는 사람의 외모를 보고 판단하지만, 나는 사람의 마음을 보고 결정한다는 것이다. 하여 그분은 이새가 불러와 모델 워킹을 시킨 아들들을 모두 퇴짜 놓는다. 결국 낙점한 것은 이새가 양을 치라고 보내 놓고 아예 부를 생각도 하지 않은 막내아들 다윗이었다.

이렇게 우리가 외모에 연연하는 것을 부인하기 어렵다. 이는 모든 시대와 모든 문화를 아우르는 것이다. 더욱이 우리 시대에 들어와서는 외모도 자본으로 인정되고 있다. 따라서 외모의 가공, 즉 성형수술은 일종의 투자요, 자기계발로 이해되고 있다.** 이는 소개팅에 나온 이성에게

- 고대 근동에서 기름을 붓는 행위는 신의 선택과 소명을 가시화하는 세리머니의 일종이다. 여기서 신의 선택이란 왕과 제사장, 예언자로의 부름을 뜻한다.
- 태희원, "신자유주의적 통치성과 자기계발로서의 미용성형 소비", 〈페미니즘 연구〉 제12권 제1호, 2012.4, 157–191쪽.

서 무엇을 먼저 볼 것인가, 하는 질문으로 설명할 수 있다. 당연히 외모다. 얼굴의 좌우대칭을 볼 것이다. 몸매의 전체적인 선을 볼 것이다. 이것이 피상적인 기준이고, 편파적인 평가라는 것에 대해 의문을 품을 수는 없다. 하나 그것이 현실이다.

당연한 말이지만, 외모와 급여의 상관성에 대해서는 널리 인지되고 있는 상황이다. 더욱이 우리는 '용모 단정'이라는 올바르지 않은 채용 기준이 심심찮게 공시되는 나라에 살고 있다. 여기서 한 걸음 더 나아가, 기초생활 급여를 받으려면 외모 관리를 안 해야만 하는 상황이 되었다.* 2010년 1월 1일부터 시행된 공무원의 수급자 직접 평가 기준에는 "외모가 혐오감을 주거나 심한 냄새가 난다' '철에 맞지 않는 옷을 입거나 옷이 늘 더럽다' '외모에 신경을 쓰지 않고 늘 같은 옷을 입는다" 등의 조항이 들어 있다.

그러나 놀랍게도 우정(만)은 외모를 초월한다. 물론 반드시 그렇다고 말할 수는 없겠다. 일반적인 이야기다. 하지만 지금 눈을 들어 친구를 살펴보면 납득하게 될 것이다. 아마도 독자들은 친구의 외모적 측면을 거의 간과했을 것이다. 혹은 외모를 보았더라도 그 이상으로 내면을 살펴봤을 것이다. 우정의 힘은 그런 것이다. 소개팅 시장에 친구를 내놓을 때에 종종 놓치는 것이 친구의 외모다. 이는 결코 위선이나 뻔뻔함이 아니다. 자연(외모)의 중력에 이끌리지 않고 내면을 통찰하기 때문에 가능

● "기초생활 급여 받으려면 '외모 관리' 안 해야(?)", 〈메디컬투데이〉 2010년 1월 5일 자.

한 것이다.

이런 연유로 공자는 《논어》 1장 "학이" 편에서 "벗이 멀리서 찾아주면 그 또한 즐겁지 않겠는가有朋 自遠方來 不亦樂乎"라고 천명한 것이다. "학이 시습지學而時習之"에 대해 언급하고 나서 곧바로 이를 지적한 것은 우연이 아니다. C. S. 루이스가 가장 높이 평가한 경험이 바로 우정에 기인하는 만남이라는 것도 예사로운 우연으로 보이지 않는다. 이것은 통상 대화로 드러나게 마련이다. 공자가 말한 벗의 방문도 대화를 통한 영혼의 교감을 일컬은 것이 아닌가. 루이스도 마찬가지로 이를 주목하였다.

루이스는 찰스 윌리엄스Charles Williams와 우정을 쌓아 가는 계기가된 서신에서 이렇게 말한다. "다음 학기 중 언제 한번(토요일과 일요일은 아니면 좋겠습니다) 내려오셔서 칼리지에서 하룻밤을 보내시고 식사도 같이 하시고 밤늦도록 이야기를 나눌 수 있겠는지요."[*] 그렇다. 우정은 같이 식사하고, 대화하며, 밤을 지새우는 것을 요구한다. 물론 편지, 전화, 이메일, SNS 등을 통한 교류도 우정을 형성하는 데 기여한다.[**] 그럼에도 전통적인 의미의 대화가 우리가 다루고자 하는 대화의 본령本領에 가장 부합한다는 점을 지적해 둔다.

- C. S. 루이스, 《당신의 벗, 루이스》(홍성사, 2013), 91쪽.
- 물론 구체적인 상황에 따라 방식은 다양하게 전개될 수 있다. 이를테면 입을 열어 말할 수 없고 귀로 들을 수 없는 지체 부자유자라면 수화와 필담(筆談), 그리고 채팅으로만 가능하지 않겠는가. 대화가 오가는 그 자체가 더 중요한 것이다. 그럼에도 여기서는 본질적인 의미를 온전히 구현하고 있는 물리적 현존 속에서의 대화를 중심으로 다루고자 한다. 그것이야말로 대화의 본령에 가장 부합하기 때문이다.

우정은 상호 간 대화와 공동 활동으로 지속된다. 여기서 주목하는 것은
서로 마주보며 주고받는 대화다. 대화 없는 우정을 생각할 수 없다는 것
은 분명하다. 그런데 왜 대화가 그리도 중요한 것인가? 대화를 통해 서로
가 공유하는 세계를 확장해 가기 때문이다. 애초에 우정은 상호 간에 존
재하는 공통점을 통해 형성되는 연대 위에서 가능한 것이다. 단지 한 뼘
밖에 안 되더라도 서로가 어떠한 공통점을 발견하고 은밀하게 혹은 공개
적으로 공유하는 순간에 우정이라는 사건은 발생하는 것이다.

이는 사실 미국의 사회학자 피터 버거Petter L. Berger가 〈결혼과 실재
의 구성〉이라는 논문을 통해 결혼에 대해 언급한 바를 우정에 적용하고
있는 것이다.* 그에 따르면, 결혼은 대화를 통해 유지된다. 지속적인 대화
를 통해 세계를 공유하고, 그 공유하는 세계의 크기를 확장해 나가기 때문
이다. 그 세계를 더 이상 공유하지 못한다면 파경에 이를 수밖에 없다. 다
른 이와 바람을 피우는 것도 결국 그 다른 이와 더불어 새로이 하나의 세
계를 공유하는 경험에 다름 아니다. 이는 물론 단회적 경험으로서의 혼외
정사가 아니라 지속적 행위로서의 불륜을 가리키는 것이다.**

---

* P. Berger & H. Kellner, "Marriage and the Construction of Reality", *Diogenes*
12(46), 1964, 1~24쪽.
** 찰나적 충동 혹은 성중독으로 인한 혼외정사가 아니라, 결혼이라는 독점적 관계를
통해 해결하지 못하는 내면의 공허와 정서적 빈곤으로 인해 새로운 정서적 유대를
찾게 되는 것을 가리킨다.

버거와 켈너가 결혼이라는 특정한 영역에 초점을 맞추어 지식사회학적 통찰을 적용한 논문 〈결혼과 실재의 구성〉에 담긴 아이디어는 후에 버거와 토마스 루크만Thomas Luckmann이 공저한 《실재의 사회적 구성 The Social Construction of Reality》(문학과지성사)이라는 저작에서 포괄적으로 제시된다. 이 책은 지식사회학의 역학과 그 통찰을 명료하게 규명한다. 지식사회학이란, 지식과 사회의 역동적 관계에 대해 다루는 매력적인 학문이다. 사회는 객관적 현실인 동시에 주관적 현실로 존재한다. "사회는 분명 객관적 사실성을 소유한다. 그리고 사회는 분명 주관적 의미를 표현하는 행위에 의해 구성된다."*

이것이 곧 사회적 이중성으로서의 "객관적 사실성과 주관적 의미"다. 《실재의 사회적 구성》에서 다루는 내용은 사회와 의식의 변증법적 관계라고 봐도 무방하다. 즉 사회는 외재화, 객체화, 내재화라는 세 가지 계기를 통해 형성된다. 인간의 정신이 구현된 산물(외재화)이 제도로 확정(객체화)되고, 다시 개인에게 내면화(내재화)된다는 것이다. 이러한 의식과 사회의 관계로 인해 동일한 사건을 다르게 해석하게 된다. "그래서 이쪽 사회에 사는 사람은 자기가 귀신 들린 것으로 '알고' 저쪽 사회에 사는 사람은 자신이 신경증을 앓고 있다고 '안다.'"

여하간 각자가 주관적으로 경험하는 세계는 상이한 양태로 존재한다.

● Peter Berger & Thomas Luckmann, The Social Construction of Reality(Anchor Books, 1967), 18쪽.

그런데 결혼과 우정은 두 사람의 세계를 하나로 묶어 주는 것이다. 하나 결혼을 통해 공유되는 세계는 배타적인 반면, 우정을 통해 공유되는 세계는 개방적이다. 다시 말하면, 연인과 나누는 사랑eros은 다른 누구와 공유하지 않겠지만, 우정을 다른 이들과 공유하는 데는 질투가 유발되지 않는다. 이를 가리켜 C. S. 루이스는 "우리는 연인은 서로를 마주 보고 있는 모습으로 그리지만, 친구는 나란히 있는, 함께 앞을 바라보는 모습으로 그리는 것입니다"● 라고 말한다.

다시 말하면, 결혼이 사적 영역을 중심하는 세계를 지향한다면, 우정은 공적 영역을 중심하는 세계를 지향한다. 공적 영역을 중심하는 세계를 지향하기 때문에 상호 간의 관계가 "서로를 마주 보고 있는" 것이 아니라 "함께 앞을 바라보는" 것이다. 동일한 관심이 그들을 하나로 묶어 주기 때문이다. 그런데 여기에서 다시금 대화의 필요성이 제기된다. 앞서 언급한 버거와 켈너가 공동으로 집필한 논문에서 지적한 대로, 상호 간의 관계를 확립하고 지속하는 데 대화가 절대적으로 필요하듯이, 동일한 관심의 공유를 확인하고 유지하는 데도 역시 대화가 필요하다.

● 《네 가지 사랑》, 119, 126쪽.

공부란 무엇인가

물론 남성과 여성 간의 성차性差는 존재한다. 상대적으로 언어 지능이 더 두드러지는 여성의 경우, 언어적 폭이 매우 넓다. 따라서 여성의 공감적 심도深度는 각별하다. "'언어적 적성'이란 무엇인가? 그것은 인격 간의 의사소통에 대한 관심이다."* 남성 간의 우정은 그에 비해 정서적으로 얄팍하다. 옳고 그름에 대한 집착이 상대적으로 강하다. 하여 여성들이 감정을 공유할 때, 남성들은 논리를 공유한다. 이에 폴 투르니에는 여성과 남성을 인격 지향과 사물 지향으로 구별한다. 그리고 사물의 진위 판단이 인격적 관계 형성을 압도한 현실을 비판한다.

나는 여성이 인격 감각을 갖고 있고 추상적인 관념보다 생생한 체험을 더 선호한다는 사실을 발견하면서 동시에 우리 남성에게는 그런 인격 감각이 결여되어 있음을 알게 되었다. 나는 또한 우리 서구 문명이 지난 사백 년 동안 사물이 인격을 지배하는 방향으로 발전하며 남성이 여성을 사회생활에서 추방시켜 그들의 영향력을 박탈한 이유를 알게 되었다.**

여성의 감정을 주관적으로, 남성의 논리를 객관적으로 치부하는 것은 편향된 주장이다. 객관은 남성의 주관이라는 말도 있지 않은가. 애

● 폴 투르니에, 《여성 그대의 사명은》(IVP, 1991), 43쪽.
●● 앞의 책, 40쪽.

초에 객관을 강조하는 것 자체가 하나의 주관적 입장인 것이다. 대화에 대해 다시 논하자면, 이러하다. 여자가 공감하는 순간에 남자는 논쟁하기 일쑤다. 남자를 화성인으로, 여자를 금성인으로 설정하는 존 그레이 John Gray의 속류심리학적 처방은 그런 의미에서 약간의 타당성이 있다. 물론 이런 성차적 측면을 감안하더라도 우정의 지속은 대화에서 비롯된다는 것 자체는 어렵지 않게 인정할 수 있을 것이다.

대화의 힘

대화는 어떠한 능력을 지니고 있을까? 루엘 하우 Ruel L. Howe는 《대화의 기적 The Miracle of Dialogue》을 통해 상당히 인상적인 주장을 제시한다. 제목 그대로 대화는 기적을 창출한다. 우선 대화는 상호적이다. 서로가 서로를 향해 지속적으로 다가가는 것이다. 서로가 자신의 입장을 관철하며 자신의 진리를 상대의 진리에 맞대응하는 것을 일컬어 대화라고 한다. 이것은 존재를 바꾸는 방식의 대화다. 대화를 통해 서로의 지평을 하나로 융합하게 되기 때문이다. 각자의 삶과 각자의 전망이 서로 충돌하는 가운데 새로운 무엇을 빚어 내는 것이다.

이는 물론 우리가 일반적으로 아는 대화와는 상당히 다르다. 우리는 일상적 소재를 중심으로 대화를 나눈다. 서로의 정보를 교환하며, 서로의 감정을 교류한다. 또한 이를 통해 일정한 관계를 유지하는 데 일반적인 대화의 초점이 맞추어져 있다. 그것은 기존의 관성을 따라 진행되며, 따라서 존재의 변화를 초래하지 않는다. 설혹 변화를 촉구하더라도 그것은 자신의 변화가 아니라 상대의 변화를 지향할 뿐이다. 다시 말하면, 나의 주장을 견지한 채로 상대의 주장을 변화시키려고 노력하는 것이다. 대화 이전과 이후에 내가 달라지는 것이 아니다.

반면 루엘 하우가 보여 주는 바에 따르면, 대화를 통해 내가 변화하게 된다. 물론 여기에는 마르틴 부버의 사상이 영향을 미치고 있음을 알 수 있다. 실제로 저자에 따르면, 《인간과 인간 사이Between Man and Man》 중의 교육 편에 영향받은 바가 크다.* 그러나 근원적으로 본다면, 《나와 너》에서 말한 다음의 관점이 영향을 미친 것이다. "모든 참된 삶은 만남이다."** 이것이 바로 그의 대화 철학의 근간에 놓여 있다. '나와 그것' 중심의 관계 맺음에서 '나와 너' 중심의 관계 맺음으로 나아가야 한다.**

'나와 그것'의 관점에 입각한 대화와 '나와 너'의 관점에 입각한 대화는 다를 수밖에 없다. 전자가 앞서 말한 평범한 방식의 대화라면, 후자는 바로 변혁을 유발하고 기적을 초래하는 대화라고 할 수 있다. 이것은

- 여기에서 주목할 만한 통찰 가운데 하나가 바로 개인주의와 집단주의 양자에 대한 비판이다. 부버에 따르면, 개인주의는 인간의 부분만 이해하고, 집단주의는 인간을 부분으로 이해한다. 개인주의는 인간의 전체 요소를 보지 못하고, 집단주의는 전체로서의 인간을 보지 못하는 것이다. Martin Buber, *Between Man and Man*(Boston: The Beacon Press, 1955), 200쪽.
- •• 마르틴 부버, 《나와 너》(문예출판사, 1997), 17쪽.
- •• 물론 마르틴 부버는 양자 모두 필요하다고 언급하였다. 하지만 그럼에도 그가 후자에 방점을 찍었다는 사실에는 의문의 여지가 없다. 그것은 애초에 우리 사회가 '나와 그것'의 관계 구도에 사로잡혀 있기 때문이다.

주체를 개방하는 방식의 대화이기 때문이다. 나의 한계와 더불어 내 견해의 잠정성을 용인해야 한다. 진리는 아집이 도사리는 곳에 임하지 않기 때문이다. 내가 너를 향하여 열려야 한다. 주체와 타자와의 경계선이 고착된다면, 진리가 이 경계를 넘어 들어올 수 없기 때문이다. 진리는 그 경계가 흔들릴 때에 임하게 된다.

루엘 하우는 대화가 진리 탐구에도 필수적이라고 주장한다. 대화는 자기 확신을 견지함과 더불어 상대의 확신을 존중하며 경청한다. 이로부터 양자의 지평 융합이 일어나서 새로운 이해를 도출하며, 양자를 새로운 경지에서 하나 되게 한다. 최소한 자신의 입장을 더 잘 이해하게 된다. 독백과 대화를 나름의 이상형으로 비교해도 무방할 것이다. 독백은 편견을 조장하며, 아집에 고착시킨다. 내 생각에서 비롯된 말을 끝없이 되뇔 뿐이라면, 청자의 존재는 무의미하다. 반면 대화는 통찰을 촉발하며, 진리에 개방시킨다.

대화의 부적절한 출발점

그렇다면 이러한 대화는 무엇으로 시작해야 하는 것인가? 일단 관계 형성을 위한 기교는 대화의 출발점으로서는 덧없는 것이다. 다소 혼란스러울 수 있지만, 에리히 프롬Erich Fromm의 《사랑의 기술》이 바로 이 점을 다루고 있다. 이 책의 원제는 *Art of Loving*이다. 이 책에서 프롬이 말하는 기술은 정확히 말한다면 기예로 번역해야 옳다.* 기예의 습득 속에서 이론과 실천, 그리고 헌신이 하나가 된다. 또한 그가 말하는 사랑은 단지 매혹적 애정에 국한되지 않고, 신에 대한 경외와 친구와의 우정 등을 포괄하는 폭넓은 개념이다.

《사랑의 기술》에서 프롬은 데일 카네기Dale Carnegie의 《인간관계론》으로 대표되는 인간관계 형성을 조작하는 세속적 기술에 대해 처세술에 불과하다고 비판한다. 《사랑의 기술》의 1장 초두에서 그는 다음과 같이 지적한다. "남녀가 공용하는 또 한 가지 매력 전술은 유쾌한 태도와 흥미 있는 대화술을 익히고 유능하고 겸손하고 둥글둥글하게 처신하는 것이다. 사랑스러워지는 여러 방법은 성공하기 위해, 곧 **벗을 얻고 사람들에게 영향력을 갖기 위해** 우리가 사랑하는 방법과 같다."**(강조한 부분이 바로 카네기의 책 원제이다).

통상 《인간관계론》으로 번역되는 카네기의 대표작의 원제가 *How to Win Friends & Influence People*이며, 내용 또한 제목 그대로 친구를 얻고 이웃에게 영향을 미칠 수 있는 방법을 제공하는 매뉴얼이다. 프롬이 지적하는 바와 같이 표면적(피상적)인 매력을 형성하고 유지하는 방법을 다루고 있다. 이와 같은 유형의 자기계발서에서 소개하는 기술은 무엇보다 인간을 조작의 대상으로 본다. 인간에 대한 관점이 제한적이

- 우리 상황에서 노동자와 예술가는 다른 존재이며, 예술과 기술도 구별된다. 원래 양자는 분리되는 개념이 아니었다. 이를테면 "인생은 짧고 예술은 길다"라고 할 때, 그 예술은 바로 의술을 가리킨다. 중세의 장인에게 있어서도 기술과 예술은 하나를 이루었다. 양자가 분리된 것은 근대 이후다.
- ●● 에리히 프롬, 《사랑의 기술》(문예출판사, 2006), 14쪽. 141쪽에서는 《인간관계론》이 세속적인 수준에 머무르고 있다는 사실을 지적한다.

기에 그 효과가 한정될 수밖에 없다. 애초에 인간의 표층을 건드릴 뿐 심층으로 들어가지 못한다.

근자에 주목받은 자기계발서 가운데 켄 블랜차드가 타드 라시나크, 처크 톰킨스, 짐 발라드 등과 공동 집필한 《칭찬은 고래도 춤추게 한다》(21세기북스)를 언급할 필요가 있다. 이 책은 인간 조작의 주요 기술로 칭찬을 제안한다. 여기에도 물론 인간은 파블로프의 개처럼 단순 훈육이 가능하다는 믿음이 깔려 있다. 물론 이것으로 인간의 변화가 제대로 일어날 리 없다. 이에 블랜차드는 마가렛 맥브라이드와의 공저로 다시 《진실한 사과는 우리를 춤추게 한다》(21세기북스)를 펴냈다.

최근에는 이보다 훨씬 정교한 기술들이 시중에 공개되고 있다. 이를테면 점술가들이 주로 사용하는 사이비 독심술인 '콜드리딩'이나 영업자들이 많이 구사하는 세련된 모방술인 'NLP'를 들 수 있겠다. 단순한 매뉴얼에 따른 칭찬이나 사과보다 사이비 독심술이나 의도적 모방을 통한 심리 조작이 훨씬 더 효과가 있기는 할 것이다. 하지만 이런 기교로 진실한 우정을 맺고 서로의 삶을 변화시키며 새로운 통찰을 빚어 내는 대화를 할 수는 없다. 피상적 정념과 기교로는 인간의 심층으로 들어갈 수가 없기 때문이다.

습득한 기교 대신 나 자신의 생각은 어떠한가? 하나 이 역시 좋은 출

● 원제는 *One Minute Apology*(일분 사과)로서, 스펜서 존슨과의 공저인 *The One Minute Manager*(일분 경영)의 후속작으로 나온 것이다.

발점이라 할 수 없다. 생각 자체만으로는 자기 틀을 벗어나기 어렵기 때문이다. 생각에서 출발한다면, 그 자체의 회로를 따라 순환하게 될 뿐이다. "문제는, 자기-생각이라는 게 워낙 타인을 배제하는 속성에 젖어 있다는 것이다. 실은 생각이 적어서 공부가 모자란 것이 아니다. 실없이 생각이 많은 데다 결국 그 생각의 틀 자체가 완고한 테두리를 이루는 게 오히려 결정적인 문제다."* 애초에 생각은 자기중심적이어서 타자와 맞부딪히기 전까지는 그대로 머무르는 것이 자연스럽다.

그렇다면 타자를 배려하는 정중한 예의는 어떤가? 실은 이것으로도 부족하다. 합리적 동의에 장식으로 정중한 예의를 얹어도 간격을 메울 수 없는 경우도 많다. 합리와 예의가 오히려 마음의 자연스런 분출을 가로막을 수 있다. 서동진(계원예술대학 교수)은 다음과 같이 말한다. "어느 철학자가 한 말이다. '이 세상에서 진짜 이웃은 내게 서슴없이 욕설을 퍼붓는 이웃이다.' 곰곰이 생각하면 진짜 그럴싸한 이야기가 아닐 수 없다. 그도 그럴 것이 우리는 너무 많은 가짜 이웃들에게 에워싸여 있기 때문이다."**

● 김영민, 《공부론》(샘터, 2010), 41쪽.
●● 서동진, "이웃인 당신, 욕 좀 해도 되겠지?", 〈세상을 여는 틈 블로그〉, 사이트 주소는 다음과 같다. http://openteum.tistory.com/m/42

결국 답은 우리의 가슴속에 있다. 다시 말하면, 우리의 마음에서부터 출발하면 된다. 각자의 생각이 다를지언정 마음은 마음과 통한다. 따라서 나의 마음으로 너의 마음에 말을 건네는 것이다. 이를 위해 안으로 깊이 들어가야 한다. 심층은 심층과 통한다. 표층의 뚜렷한 굴곡에도 불구하고, 심층에서는 서로 통하게 마련이다.* 나의 마음 깊은 곳에서 너의 마음 깊은 곳을 향해 말을 건네는 것이다. 나의 진심은 너의 진심에 가 닿을 수 있다. 칼릴 지브란 Kahlil Gibran은 《예언자 The Prophet》의 "대화에 관하여" 편을 통해 알무스타파의 입을 빌려 다음과 같이 말한다.

그대가 길가에서 혹은 시장에서 친구를 만나거든 그대 안에 있는 영혼이 그대의 입술을 움직이고 그대의 혀를 놀리게 하라. 그대의 목소리 안에 있는 참된 목소리가 친구의 귀 안의 참된 귀에 말을 건네게 하라. 포도주의 맛을 잊을 수 없듯이 그대 마음의 참된 진리를 친구의 영혼이 붙잡을 것이

* 이런 관점에서 앞으로의 종교가 나아갈 바를 논의한 책으로는 다음을 보라. 오강남·성해영, 《종교, 이제는 깨달음이다》(북성재, 2011). 이 책은 《예수는 없다》로 명성과 악명을 얻은 오강남 교수(사실 그가 주장하는 바는 오늘날 제도적 종교가 왜곡한 양태의 예수는 없다고 일갈하는 데 있지, 역사적 예수를 부정하는 데 있지 않다)와 신비주의를 연구하는 성해영 교수(서울대학교 인문학연구원 HK교수)의 대담집이다. 이 책에서 종교의 오늘과 내일에 대해 논의하는 바는 결국 함석헌이 "생각하는 백성이라야 산다"라는 논설문에서 제시했던 깨달음을 추구하는 종교관에 담긴 문제의식과 궤를 같이하는 것이다. "종교란 다른 것 아니요 뜻을 찾음이다. 현상의 세계를 뚫음이다. 절대에 대듦이다. 하나님과 맞섬이다." 《생각하는 백성이라야 산다: 함석헌선집 3권》(한길사, 1988), 174-175쪽.

기 때문이다. 그 포도주의 색깔이 잊히고, 그 잔도 더 이상 기억나지 않을 때에도.*

서동진이 말하는 '가짜 이웃'은 마음을 나누지 않는 이웃들을 가리킨다. 진정한 교류는 거짓 예의를 벗어 버리고 마음 깊은 곳에서 서로에게 다가갈 때에만 가능하다. 물론 거짓 예의를 벗어버리고 서로에게 마음을 여는 사이라고 하여 서로에게 욕을 퍼부어야 한다는 뜻은 아니다. 하지만 피부색이 다른 두 친구가 서로 "어이 깜씨!", "왜, 흰둥아!"라고 할 때, 우리는 정치적으로 올바르지 못한 농담 이면에 흐르는 깊은 영혼의 교감을 읽어 낼 수 있어야 한다. 물론 우리에게는 피부색 자체는 큰 문제가 아니기에 다른 맥락에서 이를 찾아봐야 할 것이다.

이를테면 우리에게는 피부색보다 지역색이 더 큰 문제가 된다. 호남인은 한국의 흑인이나 유대인에 다름 아니다. 돌려 말한다면, 흑인은 미국의 호남인일 것이고, 유대인이야말로 유럽의 호남인이라 해도 무방할 것이다. 영남과 호남이, 보수와 진보가 서로를 허물없이 대할 수 있을 정도라면, 그들 사이의 대화는 분명 기적을 빚어낼 것이다. 혹은 성정체성

● 인용문은 저자가 번역한 것이다. 원문은 다음과 같다. "When you meet your friend on the roadside or in the market-place, let the sprit in you moveyour lips and direct your tongue. Let the voice within your voice speak to the ear of his ear; For his soul will keep the truth of your heart as the taste of the wine is remembered, When the colour is forgotten and the vessel is no more." Kahlil Gibran, "On Talking", *The Prophet* (Knopf, 1969)

문제는 어떤가? 동성애자와 이성애자 사이에 어색한 예의 따위는 걷어 치우고 진솔하고 소탈하게 서로에게 말을 건넬 수 있다면 어떨까? 그런 맥락에서 나는 서동진의 다음 이야기를 무척 좋아한다.

내가 동성애자라고 주변에 알린 뒤 어느 날 친한 이성애자 친구에게서 전화가 왔다. 자기가 하는 일을 좀 거들어 달라는 부탁이었다. 내가 바쁜 일이 많아 시간을 내기가 어렵다고 하자, 그 친구가 이렇게 대꾸했다. "야, 인마, 한 번 줄게." 나는 이 말을 듣고 그 친구가 진짜 내 친구라고 생각했다. 그는 소수자로서의 동성애자가 이렇느니 저렇느니 미주알고주알 떠들어대면서도 정작 동성애자를 둘러싼 혐오의 원천인 동성애적 성행동에 대한 이야기만 나오면 얼굴이 굳어지는 그 거짓 이웃과 달랐기 때문이다.*

여기서 우리는 거짓 이웃과 대비되는 진짜 친구를 보게 된다. 진짜와 가짜는 마음을 둘러싼 형용이다. 여기서 우리는 어렵지 않게 요새 유행하는 진정성 논의를 떠올리게 된다. 시대가 하 수상하여 속물성이 넘

• 서동진, "이웃인 당신, 욕 좀 해도 되겠지?", 〈세상을 여는 틈 블로그〉. 글의 마지막 부분은 다음과 같다. "그래서 나는 내 장애인 친구들에게 주저 없이 이런 말을 건넨 다. '병신 자식 지랄하네.' 그럼 그 친구들은 여지없이 응수한다. '호모 녀석, 꼴갑한 다.' 나는 이때 우리들이 진짜 친구란 기분이 든다. 그들이 나를 두고 깍듯이 동성애 자인 누구라고 불렀다면, 내가 그들을 장애우 누구라고 거짓 예의를 차려 맞이한다 면, 우리는 더 이상 친구가 아닌 냉랭한 예의 아래에서 서로에게 아무 상관없는 죽 어 있는 이웃에 다름 아닐 것이다."

공부란 무엇인가

치다 보니 오히려 진정성을 강조하게 된 것일 게다. 이 진정성은 영어 단어로는 authority에 상응한다. 이것은 author에서 연원한 단어다. 그러니까 진정성이란 다른 무엇으로 교체할 수 없는 오직 나에게 속하는 그 무엇을 가리킨다. 나의 진심으로 다가와주는 이가 바로 나의 진짜 친구인 것이다.

나의 진심이라 함은 나의 내면에서 우러나오는 것을 가리킨다. 다시 말하면, 거짓 이웃과 구별되는 참된 친구는 자기만의 서사, 자기만의 비밀, 자기만의 고통, 자기만의 기쁨 같은 것들을 통해 형성된 자신의 고유한 그 무엇을 가지고 우리에게 다가온다. 애초에 "참된 대화, 다른 사람과 인간적으로 접촉하는 순간"은 진솔하게 나를 드러내는 것, 이를테면 "어떤 비밀을 고백함"으로 가능하다.● 내가 먼저 나를 둘러싼 알을 깨고 나와야 한다는 말로 풀어도 무방하다. 이것이 바로 내가 참된 친구가 되기 위해 치러야 하는 대가다.

이걸 달리 말해 보자. 우선 나 자신의 내면세계로 깊이 들어가야 한다. 안으로 깊이 들어가야 밖으로 멀리 뻗어갈 수 있다. 내가 나의 마음속으로 들어가기 위해서는 앞서 말한 방법들이 그대로 필요하다. 머리에서 가슴으로 내려가는 좋은 방법이 바로 4장에서 언급한, 위대한 고전의 암송이다. 당연히 이것은 내가 고전을 읽는 경험에서 고전이 나를 읽는 경험으로 전환되는 것을 의도한다. 이를 통해 나의 영혼이 나 자신

● 폴 투르니에, 《인간의 가면과 진실》(문예출판사, 2013), 162, 173쪽.

에게 드러나야 하는 것이다. 고전의 구절들이 물리적으로 나의 귀를 사로잡고, 그 가르침이 심리적으로 나의 마음을 붙잡아야 한다.

또한 그러한 독서와 암송을 통해 촉발된 사유와 명상을 통해 나의 내면에서 나 자신을 만나야 한다(5장에서 다루었다). 나의 생각을 위대한 가르침으로 채워야 하고, 또한 그런 위대한 가르침을 통해 나 자신을 비추어 읽어야 한다. 독서가 암송으로 연장되듯이 사색이 묵상으로 연속되어야 하는 것이다. 그러니까 진리에 대한 깊은 사색이 자아에 대한 깊은 성찰로 전이되어야 하는 것이다. 이러한 기본 단계가 충족될 때 내가 나의 마음으로 상대의 마음에 다가갈 수 있는 준비가 되는 것이다.

대화는 위대한 종교와 철학의 스승들이 가르침을 남긴 방편이었다. 특히 공자, 부처, 예수, 소크라테스는 직접 쓴 책이 단 한 권도 없다는 점을 기억할 필요가 있다. 《논어》와 《법구경》, 네 권의 복음서 그리고 여러 대화편 등은 바로 그러한 대화의 산물이며, 그들의 제자들이 기록한 것이다. "그들이 남긴 사유는 물음에 대한 답변으로서의 대화 형식을 통해서였다. 즉, 대화로서의 진술이었다. 이 점은 질문과 대화야말로 진리에 이르는 길임을 보여 준다. 진리는 대화와 소통의 산물이다."•

　여기서 질문에 따라 대답이 달라진다는 것이 특히 주목할 부분이다. 이들을 통해 흘러나와 이제까지 전승되고 있는 위대한 가르침들은 책상의 산물이 아니라 거리의 산물이다. 다시 말하면 시장과 들판에서 외치고, 다락방과 잔칫상에서 특정한 맥락과 관계에 따라 형성된 것이다. 위대한 스승들은 제자들의 진정한 각성이 오직 생생한 대화를 통해서만 가능하다는 것을 알고 있었다. 제자와 청중에게 주어진 대답은 그때그때 달랐다. 공자가 그러했고, 예수가 그러했으며, 또한 소크라테스가 그러했다.

● 허훈, 《영원한 철학》(울력, 2013), 5쪽.

그들은 모든 인류 앞에 초월적 신학 체계와 객관적 윤리 체계를 제시하려 한 것이 아니다. 그저 특정한 상황에서 조우하게 된 개별적 인간을 위해 맞춤형 가르침을 제공하고자 최선을 다한 것이다. 이럴 때 생생하게 빛나는 위대한 선생들의 영혼을 돌판이나 대나무, 파피루스, 종이 등에 새긴 문자로는 온전히 담아내지 못한다. 그러기에 그의 제자들은 이를 최대한 재현하기 위해 노력했다. 이를테면 소크라테스의 제자 플라톤은 〈대화편〉을 구성했고, 예수의 사도들은 복음서를 기록했다(사도들은 예수의 핵심 제자들, 즉 이너서클이다).

이런 대화 형식의 문헌들은 모두 큰 가르침을 베푼 선생들과 물리적·인격적으로 대면하는 특권을 향유하지 못할 후대인들에게 생생한 교육적 경험을 제공하기 위한 대체재代替財로서 제작된 것이다. 아니, 차라리 교보재敎補材라고 해야 옳을 것이다. 대개 형식은 내용보다 중요하다. 지금과 같은 경우가 특히 그러하다. 이 대화 형식 자체가 우리에게 시사하는 바가 결코 적지 않다. 복음서를 통해 제자로서의 기독교인들은 예수의 임재를 경험하고, 대화편을 통해 제자로서의 철학도들은 소크라테스의 현존을 향유하는 것이다.

그 때문에라도 이런 텍스트를 낭랑하게 소리 내어 읽는 것은 의미심장한 학습 방법이다. 위대한 교사의 가르침을 낭독하는 것은, 제자로서 바른 가르침을 받기 위한 가장 좋은 수련법 가운데 하나다. 특히 종교인들이라면 더욱 그러하다. 자기 종교의 주요 경전들을 그 리듬과 구조와 형식을 따라 낭랑하게 읽어 보시기를 권한다. 물론 가능하면 이웃 종교와 철학의 고전들도 핵심적인 부분들을 낭독하면 좋을 것이다. 이웃 종교와의 대화를 통해 우리 자신에 대해서도 더욱 잘 알게 될 것이기 때문이다.

모든 종교는 서로 다른 입장 위에 발을 딛고 서 있다. 교리가 다르고, 행습도 상이하다. 이웃을 대하는 태도도 같지 않으며, 세상을 바라보는 관점도 상이하다. 마치 개와 고양이처럼 전혀 다른 언어를 가지고 있다. 이를테면 배를 뒤집거나 꼬리를 흔드는 것의 의미가 모두 다르다. 하나, 가끔씩은 개와 고양이 사이에도 우정이 발생한다. 하물며 다른 종교인들 사이에서도 얼마든지 이런 우정의 기적이 일어날 수 있다. 그러기 위해서는 서로의 언어와 그 문법을 온전히 이해할 수 있어야 한다. 이는 기본적으로 지적 능력을 통해 수행되는 것이 아니다.

이 역시 출발점은 우리의 머리가 아니라 가슴이다. 각 종교의 교리와 행습에 대해 이해하되, 우리의 두뇌를 통한 지적 이해가 아니라 마음을 통한 공감적 이해에서 출발해야 한다. 가슴으로 대화할 때에만, 오직 그때에만, 상이한 세계관에 서 있는 종교인들 사이에서도 조화로운 연대가 가능하다. 이러한 관점에서 앞으로의 종교가 나아갈 바를 심층적 차원에서의 대화로 제안하는 경우도 있다.[*] 애초에 종교 간의 대화는 표층에서의 교리나 제도적 접근보다 심층에서의 신비나 영성적 접근이 더

• 오강남·성해영, 《종교, 이제는 깨달음이다》(북성재, 2011).

공부란 무엇인가

타당하다.

군이 종교 간 대화를 언급하는 이유는 무엇인가? 지구의 미래가 여기에 달려 있기 때문이다. 그저 한가한 도락이 아니라 심각한 과업인 것이다. 이와 관련하여 가톨릭 신학자 한스 큉 Hans Küng의 논의를 언급하고자 한다. 그는 《세계윤리구상 Global Responsibility》(분도)을 통해 우리에게 세 가지 명제를 제시하는데, 그 하나하나가 모두 곱씹어 볼 가치가 있다. 우선 세계 윤리 없이 인류 생존은 없다. 또한 종교 평화 없이는 세계 평화도 없다. 마지막으로 종교 대화 없이는 종교 평화도 없다. 다시 말하면, 종교 간 대화는 인류의 생존을 위해 필요한 막중한 과제인 것이다.

반면 현실은 어떠한가? 종교 간 대화가 아니라 종교 간 대립이 우리의 삶에 육박하고 있다. 미국을 떠받치는 기독교 근본주의가 부시 정권 하에서의 세계 외교를 혼란스럽게 만들었다는 것을 떠올려 보라. 북한, 이란, 이라크 등을 겨냥한 부시의 '악의 축' 발언은 우연이 아니다. 그것은 명확하게 기독교 근본주의와 유대교 근본주의의 배타적 이원론에 기초한 전망을 반영한 것이다. 부시의 외교 정책을 주도한 네오콘 neo-conservatism, 즉 신보수주의의 이면에 유대교 근본주의가 자리하고 있다.

이러한 시각을 지지해 주는 자료 가운데 하나로 새뮤얼 헌팅턴 Samuel Huntington의 《문명의 충돌 The Clash of Civilizations》(김영사)을 들 수 있겠다. 그가 보기에 21세기는 각 문명 간 충돌의 시대이며, 문명의 충돌 이면에 종교의 충돌이 자리하고 있다. 다른 종교에 기초한 다른 문명권, 그러니까 서구 문명권과 이슬람 문명권의 대립은 피할 수가 없다는 것이다. 허브 코헨Herb Cohen의 《협상의 법칙You Can Negotiate Anyting》(청년정신)을 봐도 소련과 이슬람에 대한 이해가 왜곡되어 있는 것을 확인하게 된다.* 어쩌면 9.11 테러야말로 서구의 그러한 일방적 시선의 결과가 아닐까?

한국의 경우, 이명박 정권하에서 불교와 기독교의 갈등이 표면에 떠올랐다. MB 정권의 핵심은 '고소영', 즉 고려대와 소망교회와 영남(나아가 영포)라인이다. 여기서 소망교회는 결국 개신교 라인을 대표한다.** 당시 국토해양부가 운영하는 대중교통 정보시스템 '알고가'와 교과부의 학교정보지도에서 사찰 표기가 누락되었다. 이 두 곳의 시스템 운영 주체가 모두 한국공간정보통신이었다. 이 회사의 부사장 중 한 명이 이명박 대통령직 인수위원회 상임고문이었다. 여기서 종교 대립을 읽어 내는 이도 적지 않았다.

심층에서 이뤄지는 종교 간 대화라고 하는 것은, 상대의 교리를 머리

* 소비에트에 대해서는 아예 7장("무슨 수를 쓰든 이긴다, 소비에트 스타일") 전체를 할애하고 있다. 방법론상으로는 유용할 수도 있겠지만, 제목에 드러나고 본문에 계속 사례로 제시되어 드러나는 근본적인 편견 자체에 문제가 있다. 이슬람에 대해서는 114쪽을 보라.

** 소망교회는 압구정 현대아파트를 배경으로 성장한, 강남의 귀족 교회이다. 이 독특한 교회의 사회적 함의에 대해서는 《우파의 불만: 새로운 우파의 출현과 불안한 징후들》(글항아리, 2012) 3장("기독교 우파와 신新귀족주의")을 보라. 민중신학자인 김진호가 맡아 집필한 이 글은 소망교회를 중심으로 한국의 메가처치(대형 교회)의 새로운 양상에 대해 설명하고 있다.

공부란 무엇인가

로 이해하는 것이 아니라 가슴으로 이해하는 것이다. 이에 대한 좋은 사례는 영어권의 대표적인 비교종교학자 윌프레드 캔트웰 스미스Wilfred Cantwell Smith의 접근 방식이다.[*] 그는 주지주의적 함의가 짙은 서구의 종교 개념을 비판한다. 이 개념을 통해 접근할 때는 특정한 종교 전통 안에 있는 인간의 실제 삶을 온전히 이해할 수 없다. 이러한 매개는 달을 가리키는 손가락에 불과하다는 것이다.

결국 스미스가 제시한 바에 따르면, 우리는 이웃 종교에 대해 공감의 해석학을 통해 접근해야 한다. "내가 주장하고자 한 것은 한 종교의 역사 사실이나 믿을 교리, 혹은 다양한 제도적 실천이 중요한 것이 아니라 그들이 그것을 실천하고 있는 사람들에게 어떠한 의미가 있는지가 참으로 중요하다는 것이었습니다."[**] 다시 말하면, 손가락을 바라보지 말고 손가락이 가리키는 달을 봐야 한다는 것이 그의 주장인 셈이다. 물론 현재 종교계는 교리와 행습을 통해 이웃 종교를 바라보고 있고, 이로 인해 불필요한 갈등만 빚고 있는 실정이다.

- 이에 대해서는 무엇보다 그의 주저인 《종교의 의미와 목적》(분도출판사, 1991)을 읽어야 할 것이다. 하나. 일반적인 독자들은 차라리 《지구촌의 신앙: 타인의 신앙을 어떻게 이해할 것인가》(분도출판사, 1989)라는 중책자를 읽어 보는 편이 낫다. 대중을 상대로 한 방송 강연을 책으로 옮긴 것이기 때문이다. 여기서 그는 각 종교마다 하나의 상징을 선택하여 그 경험 세계 안에서 해설하고 있기 때문에 그의 사상을 쉽고 명료하게 이해할 수 있다.
- ●● 윌프레드 캔트웰 스미스, 《지구촌의 신앙: 타인의 신앙을 어떻게 이해할 것인가》, 11쪽.

맺음말_왜곡된 욕망 너머 공부의 길

공부는 우리 사회를 보여 주는 창문이다. 초두에 지적하였듯이 한국 사회의 문제는 공부의 맥락에서 압축적으로 재현되기 때문이다. 왜곡된 욕망의 실현을 공부를 통해 주도적으로 추구하고 있는 것이 한국 사회의 실상이다. 우리의 사회적 위계는 우리의 학업적 위계에 연동되어 있다. 따라서 애초에 우리 부모들, 특히 어머니들은 우리에게 공부를 강요한다. 우리의 현세적 욕망이 공부의 목적이 되고, 공부가 현세적 욕망 실현의 수단으로 전락하고 말았다. 공부를 통해 들여다보는 우리 사회는 이토록 철저하게 왜곡되어 있다.

우리는 모두 공부에 몰입한다. 어머니의 목소리, 혹은 사회의 목소리가 우리 내면에서 반복적으로 흘러나오고 있기 때문이다. 따라서 학교에서 공부하고, 또한 세상에서 공부한다. 청소년 시절의 공부는 명문대학 입학을 목적하며, 대학 시절의 공부는 대기업이나 공기업 취업을 의

도한다. 직장 시절의 공부는 한 면으로 더 많은 액수의 급여와 직위 상승을 위한 것이며, 다른 한 면으로 더 나은 조건으로의 이직과 퇴직 이후를 위한 것이다. 이렇게 작금의 공부는 철저하게 물질적 보상과 사회적 성취를 추구하고 있다.

행복은 성적 순이 아니다

이런 공부가 우리의 참된 행복을 위한 것일까? 글쎄다. 오히려 부모와 세상이 우리에게 가하는 심리적·물리적 고문이고, 우리 자신이 스스로의 성취를 위해 감수하는 자기 학대에 가깝지 않은가? 지금의 공부는 학대이고 고문이다. 또한 이를 통해 추구하는 것은 행복이 아니라 자본이다. 청소년기와 청년기에 학력 자본을 추구하고, 그 후로 줄곧 경제 자본을 추구한다. 또한 서울대학교나 하버드대학교, 삼성그룹이나 사법연수원과 같은 상징 자본을 찾아 헤맨다. 물론 이런 상징 자본들은 높은 수준의 환금성換金性을 가지고 있다.

이전과 달리 학교를 졸업한 것으로 공부를 마감하지 않고, 계속 공부 지옥을 헤매게 된 상황이다. 오죽하면 《10대, 꿈을 위해 공부에 미쳐라》(집사재), 《20대, 공부에 미쳐라》(랜덤하우스코리아), 《30대, 다시 공부에 미쳐라》(예문), 《40대, 다시 한 번 공부에 미쳐라》(함께북스) 같은 책들이 나왔을까. 특히 가장 먼저 나온 나카지마 다카시의 《20대, 공부에 미쳐라》의 부제가 "부와 성공에 직결되는 공부법 50"이라는 것은 시사적이다. 자연스럽게, 지식을 축적하고 성공을 추구하기 위한 학습법에 대한 사회적 열망이 증폭되었다. 마인드맵, 포토리딩, 가속학습법 등을 통해 궁극적으로 추구하는 것은 어디까지나 부와 성공일 따름이다.

행복은 성적 순이 아니다.* 오히려 성적과 불행의 관계는 상당히 관련이 깊을 것이라고 미루어 짐작할 수 있다. 영어 유치원 열 곳이 소아정신과 한 곳을 떠받치는 사회가 아닌가.** 이것은 내가 지어낸 말이 아니라, 소아정신과 의사들 사이에 도는 속설이다. 실상 성적을 위해 모든 학생의 영혼을 잔혹한 교육 체제 안에 구겨 넣어 버렸다. 이는 모두 우리 사회가 미래에 대한 불안에 찌들어 있기 때문이다. 라이너 베르너 파스빈더의 영화 제목처럼 "불안은 영혼을 잠식한다." 현대인들은 그 불안을 잠재우고자 그 엄청난 노고를 감수하는 것이다.

이 모든 것이 애초에 사회의 안전망이 무너졌기 때문이다. 혹시 인터넷에 돌아다니는 이런 농담을 본 적이 있으신가? 아래의 웃(기고 슬)픈 도표가 보여 주는 사실은 공부를 잘하든 못하든 모두 망한다는 것이다. 우리가 살아가는 사회는 모두가 함께 더불어 망하는 사회다. 이게 지금껏 우리가 힘들여서 만들어 놓은 사회이고, 앞으로 청소년들에게 아낌없이 넘겨줄 사회다. 우리 사회의 어른들은 스스로를 아낌없이 주

● 이 표현은 강우석 감독이 1989년에 만든 영화 〈행복은 성적 순이 아니잖아요〉를 염두에 둔 것이다. 여주인공 은주(이미연 분)는 원래 우수생이지만 성적 하락에 따른 심적 고통으로 결국 자살에 이른다. 영화는 1986년 1월에 학교 옥상에서 투신한 어느 여중생의 실화를 바탕으로 만든 것이며, 제목 역시 그녀가 남긴 유서에서 따온 것이다.
●● "영어 유치원 10곳 생기면 소아정신과 1곳 생긴다", 〈프레시안〉 2012년 5월 15일 자.

는 나무라고 생각하겠지만, 이 나무에서 건질 것이라고는 무한경쟁과
승자독식의 배배 꼬인 쾌락의 열매뿐이다.

- 한국 학생들의 진로

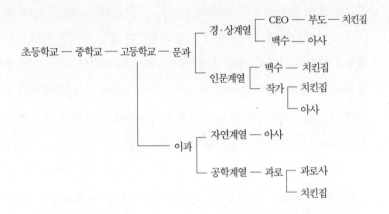

더 나아가 이러한 불안의 근본에는 우리의 왜곡된 욕망이 깔려 있
다. 우리 사회는 있는 모습 그대로 받아들여지는 정상적인 사회가 아니
다. 그저 남을 밟고 나아가야 기쁨을 누리는 무간지옥일 따름이다. 무한
경쟁과 승자독식은 우리의 영혼을 파괴하는 독이 든 사과다. 정규직은
비정규직을 보며 기뻐하고, 비정규직은 미취업자를 보며 안도한다. 이런
구조에서는 누구라도 비교를 통해 비루하기 그지없는 쾌락을 찾게 마
련이다. 그리고 우리가 현재 하는 공부는 우리 사회의 모습과 동일한 구
조를 지니고 있다.

앞서 행복은 성적 순이 아니라고 말했다. 비록 속으로는 부인하시겠지만(어차피 그 체제를 떠나지는 않을 게다), 겉으로는 다들 수긍하시리라 본다. 한데, 이건 어떤가? 행복은 공부 순이라고 한다면. 우리가 이제까지 논의한 대로라면, 공부가 제대로 되는 만큼 행복하다고 말할 수 있다. 우리가 어떠한 공부를 하는지가 우리가 어떠한 사람이 되는지를 넘어서 우리가 얼마나 행복할 것인지를 결정한다. 물론 여기서 행복은 남들과의 비교 우위에 섰을 때 느끼는 만족감이 아니라 자신을 새롭고 올바르게 만들어 갈 때 느끼는 만족감이다. 행복의 기준점은 우리 안에 있다.

한국을 구성하는 시민들 중 5퍼센트만이라도 이렇듯 공부에 입각하여 나름의 행복을 추구한다면, 우리 사회는 얼마나 달라질까 생각해 보자. 그들은 더 이상 특정 대학의 서열에 민감하지 않고, 특정 업종의 광휘에 눈이 멀지 않으며, 자신의 직급과 연소득, 아파트 평수와 자동차 배기량 등에 연연하지 않을 것이다. 자신의 기질과 적성에 맞지 않는 직군에 들어가기 위해 각종 고시를 준비하면서 시간과 정력을 들이지 않을 것이며, 정규직이든 비정규직이든 인턴직이든 취업하기 위해 영혼을 팔기보다는 자신의 꿈을 실현하기 위해 모든 것을 포기할 것이다.

그들은 더 이상 헛되이 자녀의 성적에 예민하게 반응하지 않으며, 자녀의 성적보다 인성을 중시할 것이며, 아이들의 미래에 대한 방향을 일방적으로 지시하지 않을 것이다. 아이들을 자신의 소유물로 보지 않으며, 자신들의 생각과 욕망을 불어넣는 것을 자녀에 대한 사랑이라 착각하지 않을 것이기 때문이다. 아이들이 자기 삶을 자기 두 발로 성큼성큼 걸어가도록 격려할 것이다. 이를 위해 해줄 수 있는 것은 그저 아이들과 함께 공부하는 것일 게다. "아이가 진짜 공부를 한 뒤에 진학을 않겠다고 선언할 수도 있음을 부모는 예상할 필요가 있다."[•]

이렇듯 바르게 공부하는 것은 자신의 내면에 찬란한 빛을 되찾게 해줄 뿐만 아니라[••] 우리 사회에도 밝은 광명을 비추어 줄 것이다. 단언컨대 자기 자신과 우리 사회의 밝은 미래를 위해 우선적으로 필요한 것은 공부의 의미를 바르게 회복하는 것이다. 그러한 회복은 바로 욕망의 변혁에서부터 모습을 드러낼 것이다. 이를 통해 행복의 기준이 달라질 수 있다. 그러므로 이제 행복은 공부 순이라고 말할 수 있어야 한다. 행복이 앎의 분량을 늘리고 앎과 삶의 간격을 좁히는 데 있다면, 충분히 가능하리라고 본다. 행복하기 위해서는 공부해야 한다.

행복의 기준과 목표를 다시 설정하고, 이를 위해 필요한 공부의 의미와 방법도 새로 확립해야 한다. 행복의 기준을 안에서 찾고 공부의 의

[•] 현병호, 《우리 아이들은 안녕하십니까?》(양철북, 2013), 141쪽.

[••] 바로 이것이 계몽(enlightment)의 진정한 의미가 아닐까? 중세 서구의 관점에서 보면, 그 빛이 신의 조명(照明)이다. 우리 안에 신의 불꽃이 반짝이는 것이며, 우리가 신을 보게 되는 것(visio dei)이다. 물론 근대에 들어와서는 이것을 이성의 빛으로 해석하게 된다. 여하간 우리는 이 개념을 내면에서부터 자신의 중심을 바로 확립하고 견지하고 있다는 의미로 사용한 것이다. 내 안에서 빛을 발견한다면, 더 이상 사회의 왜곡된 체제에서 자기 자리를 찾기 위해 버둥거릴 필요가 없다. 애초에 공부는 내 인생을 주도적으로 살아가기 위한 것이다.

공부란 무엇인가

미도 안에서 찾는, 이러한 접근은 오래된 미래라고 할 수 있다. 행복의 목표를 경제적 자유와 사회적 성공이 아니라 내면의 자유와 인격적 성숙으로 재설정하고, 공부의 목적을 우리의 마음을 세우고 나아가 몸을 바로잡는 데 둔다면, 이는 결국 고전적 공부 방식의 통찰로 돌아가자는 촉구에 다름 아니다. 근대 이후의 공부 개념에 대한 분화가 가져온 폐해가 자명해졌기 때문이다.

공부하는 사회, 공부하는 개인

이러한 변화는 물론 사회적 차원에서 진행되어야 마땅한 일이다. 원칙적으로 말하자면, 우리 사회 구성원 모두가 공부에 대해 바르게 이해하고, 제대로 공부해야 옳다. 한 마디로 말하면, 모두가 공부하는 사회가 되어야 한다. 헛된 소비 대신에 참된 배움에서 기쁨을 찾는 사회가 되어야 한다.* 남과의 외적인 비교가 아니라 자신의 내적인 성숙에 초점 맞추는 사회가 되어야 한다. 쾌락 대신에 행복을 찾고, 소비 대신에 공부를 좇는 사회가 되어야 한다. 한국 사회의 미래가 참된 공부로 인한 행복(혹은 민주화)에 달려 있다고 해도 과언이 아닐 것이다.

● 우리 사회는 요람에서 무덤까지 소비를 통해 자아를 형성하고 쾌락을 추구하며 구원을 갈망한다. 어린 시절부터 소비자로 양육받게 된다는 뜻이다. 이에 대해서는 다음을 참고하라. 데이비드 버킹엄, 《우리 아이들은 어떻게 소비자로 키워지는가》(초록물고기, 2013). 본문의 첫 문장이 다음과 같다. "오늘날 아이들은 태어나는 순간부터 이미 소비자다. 요즘 아이들은 상업적 재화와 서비스의 사회에서 어린 시절을 보낸다"(15쪽).

결국 이 모든 것은 나 자신으로부터 시작할 수밖에 없다. 이 세상 자체가 공부하는 사회로 변혁되어야 옳겠지만, 우선 스스로 공부하는 인간이 되어야 한다는 뜻이다. 유학에 따르면, 군자는 먼저 자기를 다스리고, 나아가 세상을 다스린다修己治人. 앞서 언급한 수신제가치국평천하修身. 齊家. 治國. 平天下가 바로 그것이다.* 그러니까 결국 내 마음을 변혁하여 새사람이 되라는 거다. 군자가 되기 위해서는 이렇게 위기지학爲己之學에서 출발하여 위인지학爲人之學으로 나아가야 한다.

이것은 곧 인간을 바로 세우는 모든 공부의 기본 방식이기도 하다. 이를테면 렉티오 디비나로 대표되는 기독교의 공부법 또한 결국 참된 사람을 만드는 데 그 본질이 있는 것이다. 현대 가톨릭의 주도적 신학자인 한스 큉은 "왜 그리스도인인가?"라는 종교적 질문에 대해 "참으로 사람이고자!"라는 실존적 답변으로 응답한다. 물론 이러한 사람다움은 반드시 밖으로 나아갈 수밖에 없다. 그리스도 예수를 믿는 "믿음은 사람을 참으로 사람답게 만든다 – 참으로 다른 사람을 위하게 하기에."** 수기치인의 원리와 다를 바가 없는 것이다.

---

* 2012년 2월 9일, 구자경 LG 명예회장이 천안연암대학 학위 수여식에 참석해 "격물치지 성의정심"을 강조하여 화제가 되었다. 원래 이것은 군자가 세상으로 나아가는 출발점으로서의 수신을 이루기 위한 네 단계를 이른다. 사물의 이치를 바로 인식해(格物) 바른 지혜를 이루고(致知), 참된 마음을 유지해(誠意) 마음이 바르게 되어야 한다(正心). 그러니까 구자경은 자기경영 대신에 수신경영(修身經營)을 논한 셈이다.
** 한스 큉, 《왜 그리스도인인가》(분도출판사, 1982), 358–359쪽.

다른 북소리를 따라

참된 공부는 무엇보다 나를 나 자신으로 서게 만들어 준다. 공부는 헨리 데이비드 소로Henry David Thoreau가 말한 나만의 북소리를 들을 수 있는 귀를 열어 준다.

어떤 사람이 동료들과 보조를 맞추고 있지 못하다면 그것은 아마도 그가 그들과는 다른 고수의 북소리를 듣고 있기 때문일 것이다. 그 박자가 어떻든, 또 그 소리가 얼마나 멀리서 나는 것이든 그가 자신의 음악에 발을 맞추도록 내버려두자. 그가 사과나무나 떡갈나무만큼 빨리 성장하느냐는 문제는 중요하지 않다. 봄을 맞고 있는 그가 굳이 여름으로 계절을 바꾸기라도 해야 할까?*

우리 한국 사회는 유독 다른 북소리를 용납하지 않는다. 우리가 살아가는 사회는 저 너머를 꿈꿀 수 없게 만드는 일차원적 사회일 따름이다. 이를테면 선생과 학부모들은 수업 시간에 독특한 질문을 던지는 영재들을 싫어한다. 상황이 이러하니 성적이 좋아서 상위 10퍼센트 안에 들더라도 똑똑한 바보가 될 뿐이다. 우리가 배운 지식이 우리의 삶을 바꾸지 못할뿐더러, 우리 사회 또한 전혀 흔들리지 않는다. 우리를 지배하는 것은 노예(하류층)로 전락할까 하는 두려움이거나, 나도 언젠가는

● 헨리 데이비드 소로, 《월든》(소담출판사, 2002), 398쪽.

주인(상류층)이 되겠다는 탐욕(과 이를 떠받치는 착각)이다.

그러니 이 사회를 주도하는 정치·경제적 지배 집단이 우리를 힘들게 하더라도 대부분 슬퍼하거나 노여워하지 않고 묵묵히 따라가거나 혹은 조금 투덜거리다 만다. 상대적으로 비판적인 이들이라도 대개 SNS를 통해 수구 세력에 대한 비판을 쏟아내고 카타르시스를 경험하면 그것으로 만족한다. 또한 어떤 이들은 지배 집단의 전횡에 대한 냉소적 반응으로 자신의 쿨한 이미지를 유지할 뿐이다. 이 모두가 근본에서는 동일하다고 볼 수 있다. 결국 현실 사회의 기본 규칙을 벗어나지 않고, 같은 북소리를 따라 걷기 때문이다.

등에가 된 소크라테스

우리가 다른 북소리를 듣게 된다면, 남과 다른 걸음으로 걷게 되는 것은 당연한 일이다. 물론 우리가 학교와 세상에서 배우는 방식의 공부로는 그 북소리를 들을 수가 없다. 바르게 공부한다고 하여 우리가 현실 사회에서 성공하느냐고 묻는다면 아니라고 답할 수밖에 없다. 고전의 저자나 고전의 주인공(예수나 소크라테스) 중 다수는 세속적으로 볼 때 어려운 삶을 살았다.* 왜 그러한가? 그들은 자기만의 북소리를 듣고, 남과 다른 박자로 걸었기 때문이다. 결과적으로 당당하게 세상과 맞짱을 떴

• 이것이 바로 이지성의 《리딩으로 리드하라》(문학동네, 2010)와 같은 독서를 강조하는 자기계발서들이 간과하는 항목이다. 고전에 대한 탐닉은 결코 돈과 권력을 벌기 위한 좋은 방법이 아니다.

소크라테스

기 때문이다. 가장 좋은 예가 바로 소크라테스다.

표현이 좀 우스꽝스러울지 모르지만, 알기 쉽게 말해 나는 마치 덩치가 크고 혈통이 좋긴 하지만 그 덩치 때문에 굼뜬 편이어서 등에의 자극이 필요한 말馬에게 배정되듯, 신에 의해 이 도시에 배정된 것입니다. 그런 등에 구실을 하라고 신께서 나를 이 도시에 배정한 것 같단 말입니다. 어디서나 온종일 여러분에게 내려앉아 여러분을 일일이 일깨우고 설득하고 꾸짖으라고 말입니다.*

소크라테스는 이렇게 자신을 말 등에 붙은 등에(쇠파리) 정도로 여겼다. 그가 살고 있는 폴리스에서 자신이 맡은 역할이 바로 소나 말의 등허리에 달라붙어 앵앵거리면서 괴롭히는 등에와 같다는 것이다. 언제나 그들의 무지와 오류를 들춰 내고 바른 말을 하던 그가 지도자들에게 좋은 반응을 얻지 못한 것은 당연한 일이다. 심지어 소크라테스는 사약을 받아 마시고 죽기에 이르렀다. 그는 도망칠 기회가 있었지만, 자신의 발언에 담긴 진실의 무게를 증명하기 위해 당당히 진실을 말하는 용기를 택했다.

소크라테스가 들었던 북소리는 무엇일까? 그는 일평생 다이몬 Daimonion의 소리를 들었다고 주장한다. 그것이 정확하게 무엇을 의미하는지는 제대로 알기 어렵지만,[**] 아마도 양심의 소리였을 것으로 추정된다. "그런 현상은 내가 어릴 때부터 계속됐으며, 일종의 목소리로서 내게 다가옵니다. 그리고 그것이 다가올 때마다 언제나 내가 하려던 일을 하지 말라고 말렸지, 해보라고 권유한 적은 없습니다."[***] 다이몬을 믿는다는 이유로 고발당했지만, 정작 그는 다이몬의 소리를 듣고 있었

• 플라톤, 《소크라테스의 변론》, 《소크라테스의 변론·크리톤·파이돈·향연》(숲, 2012), 46-47쪽.

•• 《향연》에서 소크라테스가 디오티마의 입을 빌려 말한 바에 따르면, "모든 정령[다이몬]은 신과 필멸의 존재의 중간에 있"다. 플라톤, 《향연》, 앞의 책, 303쪽. 즉 신과 인간 사이에 위치하는 신적 존재이다. 사실 플라톤은 에로스를 설명하기 위해 소크라테스(를 경유해 소개되는 디오티마)를 통해 다이몬을 언급한 것이다. "소크라테스, 에로스는 위대한 정령[다이몬]이에요."

••• 플라톤, 《소크라테스의 변론》, 앞의 책, 48쪽.

공부란 무엇인가

기 때문에 폴리스의 배심원들 앞에서도 당당했던 것이다.

십자가에 달린 예수

예수 또한 소크라테스와 마찬가지로 지배 세력에 의해 희생당했다. 폴리스의 엘리트들에게 소크라테스가 불편한 논객이었던 것처럼, 이스라엘을 지배하는 종교적·정치적 엘리트들에게 예수는 곤혹스러운 예언자였다. 하여 놀랍게도 "헤롯과 빌라도가 전에는 서로 원수였으나 바로 그날에 서로 친구가 되었다"(누가복음 23장 12절). 헤롯은 유대의 분봉왕이고, 빌라도는 로마의 총독이었다. 종교 성직자인 제사장들과 평신도 지도자인 바리새인들이 한마음으로 그를 음해했다. 지배 세력 특유의 연대의식이 잘 드러나는 대목이다.

더욱이 폴리스의 배심원들이 휘둘렸듯이 이스라엘의 군중도 지배 집단의 농간에 휘말렸다. 소크라테스의 항변 연설 끝에 그의 유죄를 인정하는 이들이 오히려 늘었던 것처럼, 대제사장과 아랫사람들의 선동을 따라 유대인들도 예수를 십자가에 못 박으라 소리쳤다. 그러나 예수는 로마와 유대의 지배 집단의 책략과, 그들의 책동에 부화뇌동하던 군중 앞에서도 흔들림이 없었다. 그는 법정과 배심원들 앞에서 적극적인 변론의 전략을 취했던 소크라테스와는 달리 침묵의 전략을 취했다. 기독교는 이를 예언자 이사야의 예언이 성취된 것으로 본다.

그는 굴욕을 당하고 고문을 당하였으나, 아무 말도 하지 않았다. 마치 도살

장으로 끌려가는 어린 양처럼, 마치 털 깎는 사람 앞에서 잠잠한 암양처럼 끌려가기만 할 뿐 아무 말도 하지 않았다(이사야 53장 7절).

그런데 이것이 가능한 이유는 무엇인가? 이스라엘 민중은 그를 정치적 메시아로 믿었으나, 정작 그를 추동한 것은 민중 해방을 추구하는 정치적 욕망이 아니라 하나님 아버지의 음성이었기 때문이다. 여기서 그 음성의 원천에는 히브리 성서(구약성서)가 있었을 게다. 그는 이른바 공생애公生涯에 나설 때에, 회당에 들어가서 우선 이사야서 61장의 앞부분을 약간 수정하여 읽어 내려간다(누가복음 4장 18-19절). 여러 가지가 달라졌지만, "주님의 은혜의 해와 우리 하나님의 보복의 날"을 "주님의 은혜의 해"로 정리한 것이 가장 흥미롭다.

주님께서 나에게 기름을 부으시니, 주 하나님의 영이 나에게 임하셨다. 주님께서 나를 보내셔서, 가난한 사람들에게 기쁜 소식을 전하고, 상한 마음을 싸매어 주고, 포로에게 자유를 선포하고 갇힌 사람에게 석방을 선언하고, 주님의 은혜의 해와 우리 하나님의 보복의 날을 선언하고, 모든 슬퍼하는 사람들을 위로하게 하셨다(이사야 61장 1-2절).

주님의 영이 내게 내리셨다. 주님께서 내게 기름을 부으셔서, 가난한 사람에게 기쁜 소식을 전하게 하셨다. 주님께서 나를 보내셔서, 포로 된 사람들에게 해방을 선포하고, 눈먼 사람들에게 눈 뜸을 선포하고, 억눌린 사람들을 풀어 주고, 주님의 은혜의 해를 선포하게 하셨다(누가복음 4장 18-19절).

"주님의 은혜의 해"는 50년마다 한 번씩 돌아오는 희년禧年, jubilee 을 이른다. 희년의 가르침은 아마도 예수가 어릴 적부터 들었고, 또한 그의 마음을 사로잡은 내용이었을 것이다. 이스라엘에서는 7년에 한 번씩 1년 동안 휴경을 하도록 안식년이 정해져 있었다. 일곱 번의 안식년이 지난 그 다음 해가 희년이었다. 희년이 되면, 매각된 토지가 원주인에게 귀속되고, 노예로 전락한 사람도 자유인으로 회복된다. 희년은 인간과 자연의 해방을 촉구하는 기쁨의 때로서, 인간과 신(야훼), 인간과 인간(이웃), 인간과 자연(토지)의 관계 회복을 촉구하게 된다.

이것이 바로 예수가 들었던 다른 북소리의 원천이었을 게다. 소크라테스가 무지의 자각을 통한 자기 각성을 촉구하고자 폴리스를 돌아다녔다면, 예수는 신과 인간과 자연의 온전한 관계 회복을 위해 이스라엘 전역을 유랑했다고 할 수 있다. 이렇듯 모든 영역의 관계가 회복되는 것을 '샬롬'이라고 지칭한다. 요는 예수가 성서를 통해 듣게 된 신의 북소리를 따라 살아갔고, 심지어 이를 위해 자신의 생명도 걸었다는 것이다. 그는 로마와 이스라엘의 정치적·종교적 엘리트들의 모략과 대중의 혈기가 두렵지 않았다. 그는 진정한 자유인이었다.

세상으로부터의 자유

사실 이렇게 다른 북소리를 따라간 이들의 예는 부지기수로 들 수 있다.

참된 공부가 무언지를 알았던 이 위대한 스승들은 현실 사회와의 불편한 관계를 감내하기를 주저하지 않았다. 이렇듯 제대로 된 공부는 사람을 세상의 기준으로부터 자유로운 영혼으로 만들어 준다. 이 사회가 짜 놓은 매트릭스에서 벗어나 나만의 삶을 살게 된다는 것이다. 이것은 아무도 가지 않은 길을 걸어가는 것이다. 사실 이 길은 조금 어렵고 불편하다. 하지만 멋있고 자유로운 길이기도 하다. 내가 나답게 살아가는 길이기 때문이다. 이 정도면 삶을 걸 만하지 않은가.

앞서 《논어》의 첫 부분인 "학이" 편에서 배움과 친구에 대해 인용했다.[*] 이제 그에 뒤이은 부분을 살펴봐야 할 차례다. "남들이 알아주지 않아도 화내지 않으면 그 또한 군자가 아니겠는가."[**] 스스로 배우고, 친구를 사귀고, 세상에 매이지 말아야 한다. 이것이 군자의 삶이다. 학문을 배워서 기쁘고, 친구가 찾아와 즐겁다. 한데 그 다음으로 따라오는 것이 무엇인가. 세상이 나를 제대로 인정해 주지 않더라도 화내지 않는다는 것이다. 멋있지 않은가. 독자 여러분, 이것이 바로 군자의 품격이다.

남들이 알아주지 않아도 화내지 않는 것이 군자 됨의 기준이라는 것은, 곧 그가 추구하는 행복의 기준이 세상의 평가에 있지 않다는 뜻이다. 이는 꾸준히 배우고 몸으로 익히는 공부와, 먼 데서 찾아와 교분을 갖는 친구를 통해 내면의 중심이 바로잡혀 있기 때문에 가능한 것이다.

● 배움에 대해서는 1장에서 다루었고, 친구에 대해서는 6장에서 언급했다.
●● 공자의 문도들 엮음, 《논어》(책세상, 2003), 15쪽.

다른 북소리를 듣고, 그것을 따라 늠연凜然하게 걸어가기 위해서는 '책과 우정'이 필요하다. 책을 통해 바르게 공부하고, 이를 위해 좋은 벗들과 함께할 수 있을 때에만, 오직 그때에만, 여러분은 진정한 자유인으로 살아갈 수 있을 것이다.

참고문헌

단행본

고미숙,《공부의 달인, 호모 쿵푸스》(그린비, 2007).

공자의 문도들 엮음,《논어》(책세상, 2003).

구원회,《스무살 아이비리거의 꿈꾸는 이유: 꿈꾸는 청년의 아이비리그 입성기》(해와비,
　　　2007).

금나나,《나나 너나 할 수 있다: 하버드로 간 미스코리아 금나나》(김영사, 2004).

금나나,《나나의 네버엔딩 스토리》(김영사, 2008).

김동환,《김동환의 다니엘 학습법》(고즈윈, 2007).

김승혜,《원시유교》(민음사, 1990).

김영민,《김영민의 공부론》(샘터, 2010).

김용옥,《독기학설: 최한기의 삶과 생각》(통나무, 2004).

_____,《삼국통일과 한국통일》(통나무, 1994).

달라스 윌라드,《영성훈련》(은성, 1993).

디트리히 본회퍼,《신도의 공동생활》(대한기독교서회, 2003).

데이비드 버킹엄,《우리 아이들은 어떻게 소비자로 키워지는가!》(초록물고기, 2013).

로널드 클럭,《영혼의 일기와 영적 성숙》(두란노, 1999).

로렌 포프,《내 인생을 바꾸는 대학: 작고 강한 미국 대학 40》(한겨레출판사, 2008).

루엘 하우,《대화의 기적》(대한기독교교육협회, 2000).

리즈 머리,《길 위에서 하버드까지》(다산책방, 2012).

리처드 포스터,《돈 섹스 권력》(두란노, 2011).

마르틴 부버,《나와 너》(문예출판사, 1997).

마크 A. 놀,《하버드에서 만난 복음주의》(미소북스, 2012).

몸문화연구소,《내 몸을 찾습니다: S라인을 꿈꾸는 청춘에게》(양철북, 2011).

미셸 푸코,《감시와 처벌》(나남, 2003).

_____,《담론의 질서》(새길, 1993).

_____,《주체의 해석학》(동문선, 2007).

박삼순,《다니엘 자녀교육법》(고즈윈, 2006).

박원희,《공부 9단 오기 10단》(김영사, 2004).

_____,《스무살 청춘! A+보다 꿈에 미쳐라》(김영사, 2009).

봉욱,《미국의 힘 예일 로스쿨: 미국 사회를 움직이는 예일 로스쿨 이야기》(학고재, 2009).

사사키 아타루,《잘라라, 기도하는 그 손을》(자음과모음, 2012).

서진규,《나는 희망의 증거가 되고 싶다》(랜덤하우스코리아, 2011).

소운 스님,《하버드에서 만난 부처》(도솔, 2004).

송주복,《주자서당은 어떻게 글을 배웠나》(청계, 1999).

신동준,《공자와 천하를 논하다: 공자와 그의 제자들 1》(한길사, 2007).

아브라함 요수아 헤셸,《예언자들》(삼인, 2004).

오강남·성해영,《종교, 이제는 깨달음이다》(북성재, 2011).

요셉 글린,《영원한 신비가》(가톨릭출판사, 1991).

윤영돈,《기획서 제안서 쓰기》(랜덤하우스코리아, 2008).

윌리엄 암스트롱,《단단한 공부: 내 삶의 기초를 다지는 인문학 공부법》(유유, 2012).

윌프레드 캔트웰 스미스,《종교의 의미와 목적》(분도출판사, 1991).

_____,《지구촌의 신앙: 타인의 신앙을 어떻게 이해할 것인가》(분도출판사, 1989).

이동형,《와주테이의 박쥐들: 국회에 기생하는 변절자와 기회주의자》(왕의서재, 2012).

이블린 폭스 켈러,《생명의 느낌》(양문, 2001).

이원석,《거대한 사기극》(북바이북, 2013).

이순근·이애실,《어? 하버드에 들어가네!》(살림, 2008).

이지성,《리딩으로 리드하라》(문학동네, 2010).

이택광 외 4인,《우파의 불만: 새로운 우파의 출현과 불안한 징후들》(글항아리, 2012).

앤터니 케니,《아퀴나스》(시공사, 2000).

에리히 프롬,《사랑의 기술》(문예출판사, 2006).

장승수,《공부가 가장 쉬웠어요》(김영사, 2004).

정순우,《공부의 발견》(현암사, 2007).

정약용,《유배지에서 보낸 편지》(창비, 2001).

조긍호,《유학심리학: 맹자 순자 편》(나남출판, 1998).

조지 레너드,《달인》(여름언덕, 2007).

존 스토트,《제자도》(IVP, 2010).

존 웰치,《영혼의 순례자들》(한국기독교연구소, 2000).

제러미 벤담,《파놉티콘》(책세상, 2007).

카렌 암스트롱,《성서 이펙트》(세종서적, 2013).

콘라트 로렌츠,《인간은 어떻게 개와 친구가 되었는가》(간디서원, 2003).

켄 블랜차드 외 3인,《칭찬은 고래도 춤추게 한다》(21세기북스, 2003).

켄 블랜차드·마가렛 맥브라이드,《진실한 사과는 우리를 춤추게 한다》(21세기북스, 2004).

켄 윌버,《무경계》(무우수, 2005).

켈리 먼로 컬버그,《지성의 회심: 하버드 천재들, 하나님을 만나다》(새물결플러스, 2011).

토머스 머튼, 《토머스 머튼의 영적 일기: 요나의 표징》(바오로딸, 2009).

파멜라 메츠, 《배움의 도》(민들레, 2004).

파커 파머, 《가르칠 수 있는 용기》(한문화, 2000).

폴 투르니에, 《여성 그대의 사명은》(IVP, 1991).

_____, 《인간의 가면과 진실》(문예출판사, 2013).

프레데리크 그로 외 4인, 《미셸 푸코 진실의 용기》(길, 2006).

플라톤, 《소크라테스의 · 변론 · 크리톤 · 파이돈 · 향연》(숲, 2012).

피에르 아도, 《고대철학이란 무엇인가》(이레, 2008).

피터 버거, 《어쩌다 사회학자가 되어》(책세상, 2012).

하비 콕스, 《예수 하버드에 오다》(문예출판사, 2004).

한나 아렌트, 《정신의 삶 1: 사유》(푸른숲, 2004).

한스 베버, 《성서, 나를 읽는 책》(예영커뮤니케이션, 2006).

한스 큉, 《왜 그리스도인인가》(분도출판사, 1982).

한홍구 외 4인, 《감시사회》(철수와영희, 2012).

함석헌, 《생각하는 백성이라야 산다: 함석헌선집 3권》(한길사, 1996).

_____, 《씨올에게 보내는 편지: 함석헌선집 4》(한길사, 1996).

허브 코헨, 《협상의 법칙》(청년정신, 2011).

허훈, 《영원한 철학》(울력, 2013).

현각, 《만행 하버드에서 화계사까지 1, 2》(열림원, 1999).

현병호, 《우리 아이들은 안녕하십니까?》(양철북, 2013).

홍성욱, 《파놉티콘 - 정보사회 정보감옥》(책세상, 2002).

홍정욱, 《7막 7장》(삼성, 1993).

_____, 《7막 7장 그리고 그 후: 멈추지 않는 삶을 위하여》(위즈덤하우스, 2003).

헨리 나우웬, 《두려움에서 사랑으로》(두란노, 2011).

_____, 《소명을 찾아서》(성요셉출판사, 1988).

_____, 《새벽으로 가는 길》(바오로딸, 1992).

_____, 《안식의 여정》(복있는사람, 2001).

_____, 《제네시 일기》(바오로딸, 1998).

헨리 데이빗 소로, 《월든》(소담출판사, 2002).

헬렌 세페로, 《내 영혼을 위한 일기 쓰기》(IVP, 2009).

C. S. 루이스, 《네 가지 사랑》(홍성사, 2005).

_____, 《당신의 벗, 루이스》(홍성사, 2013).

Kahlil Gibran, *The Prophet* (Knopf, 1969).

Martin Buber, *Between Man and Man* (The Beacon Press, 1955).

Peter Berger & Thomas Luckmann, *The Social Construction of Reality* (Anchor Books, 1967).

논문

태희원, "신자유주의적 통치성과 자기계발로서의 미용성형 소비", 〈페미니즘 연구〉 제12권 제1호.

P. Berger & H. Kellner, "Marriage and the Construction of Reality", *Diogenes* *12*(46), 1964, 1-24쪽.

기고

서동진, "이웃인 당신, 욕 좀 해도 되겠지?", 〈세상을 여는 틈 블로그〉, 2011년 2월 2일 자.

오항녕, "율곡 이이는 이단이다!", 오항녕의 '응답하라, 1689!', 〈프레시안〉 2013년 10월 4일 자.

David Brooks, "Who is John Stott?", New York Times, 2004년 11월 30일 자.

언론

"기초생활 급여 받으려면 '외모 관리' 안해야(?)", 〈메디컬투데이〉 2010년 1월 5일 자.

"영어유치원 10곳 생기면 소아정신과 1곳 생긴다", 〈프레시안〉 2012년 5월 15일 자.

"막노동일꾼에서 변호사로 '승천'한 장승수", 〈조선일보〉 2013년 6월 15일 자.

"초등학교 6학년때 나 홀로 유학 진권용 씨, 한국인 최초로 하버드대 수석 졸업", 〈동아일보〉 2012년 5월 28일 자.

"'배우 남궁원씨 아들 洪政郁(홍정욱)군 「하버드大學(대학) 수석졸업」은 낭설' 주임교수 聲明(성명) '논문 장려상받는데 그쳐'", 〈동아일보〉 1993년 10월 21일 자.

"남궁원씨 아들 '수석졸업'기사 오보 대부분 신문 침묵 '독자우롱'", 〈한겨레〉 1993년 6월 10일 자.

"진권용씨, 한국인 첫 美 하버드대 수석졸업", 〈매일경제〉 2012년 5월 27일 자.

"하버드대 수석졸업 진권용 씨 귀국… 그가 말하는 공부비법", 〈동아일보〉 2012년 5월 29일 자.

공부란 무엇인가

　　　　　　　　　　　　　　　　　공부란 무엇인가 |

공부란 무엇인가

우리 시대 공부의 일그러진 초상

ⓒ 이원석 2014

초판 1쇄 펴낸날 2014년 2월 14일
초판 3쇄 펴낸날 2017년 12월 18일

지은이 이원석
펴낸이 최만영
책임편집 김진형
디자인 신병근, 박애영
마케팅 박영준, 신희용
영업관리 김효순
제작 박지훈

펴낸곳 주식회사 한솔수북
출판등록 제2013-000276호
주소 03996 서울시 마포구 월드컵로 96 영훈빌딩 5층
전화 02-2001-5819(편집) 02-2001-5828(영업)
팩스 02-2060-0108
전자우편 chaekdam@gmail.com
책담 페이스북 https://www.facebook.com/chaekdam

ISBN 979-11-85494-17-3 03370

Ⅲ책담 다른 내일을 만드는 상상